Het groeit! Het leeft!

Marjolijn van Heemstra

———

Het groeit! Het leeft!

De eerste twee jaar met kind

Cossee
Amsterdam

'As it stands, motherhood is a sort of wilderness through which each woman hacks her way, part martyr, part pioneer.'
 – Rachel Cusk

'Maar dan doe *jij* de nacht.'
 – David Nelissen

Practical joke

'Giving birth is the most natural thing in the world.' Het was de kop van een artikel dat ik las in de tweede maand van mijn zwangerschap. Korte samenvatting: vrouwen zetten al duizenden jaren kinderen op de wereld. Het is niet vreemd en ook niet eng want uiteindelijk is dit waar je, biologisch gezien, voor gemaakt bent.

Deze boodschap, of een variant erop, kwam ik de daaropvolgende maanden overal tegen. Op websites ('Die mooie oerkracht zit ook in jou'), in handboeken voor toekomstige moeders ('Zo zit de natuur in elkaar, jij bent niet anders'), tijdens de zwangerschapscursus ('Mee met je wee!') en in de prenatale adviezen van vrienden, bekenden en de wildvreemden die je plotseling aanspreken als je zwanger bent. De baby mocht dan consequent 'het wondertje' worden genoemd, het dragen en bevallen werd mij voorgespiegeld als een oeraardse aangelegenheid waar je je alleen maar aan kunt overgeven.

Het was allemaal vast geruststellend bedoeld, maar mijn uitdijende lichaam met daarin het gewriemel van een volslagen onbekende voelde eerder buitenaards dan aards. Toen ik de laatste weken contouren van handen, voeten en billen onder mijn huid zag golven, moest ik voortdurend de gedachte onderdrukken dat ik bewoond werd door een alien. *The most natural thing in the world* voelde als pure sciencefiction, een zo vreemde ervaring dat ik er nu, weken later, nog altijd niet aan terug kan denken als iets wat mijzelf overkwam. Het was iemand anders die binnenstebuiten werd gekeerd, in stukken geknipt en met een jammerend hompje vlees naar huis gestuurd.

Veel mensen vragen me nu of het ouderschap zwaarder is dan ik verwachtte.

Het antwoord is nee, wel eindeloos veel ráárder.

Ik dacht dat na de schemerzone van die eerste slapeloze weken alles langzaam weer normaal zou worden. Maar de bevalling bleek een *rabbit hole* en ik bevind me nu in een parallelle wereld van knisperdingen, toeterboekjes, minimutsjes, nachtelijke dwalingen tussen de bad- en de slaapkamer, lapjes, doekjes, halfslaap, verpletterende verliefdheid en vreemde, nieuwe angsten.

Nog dagelijks betrap ik mezelf op de gedachte dat deze idiote toestand tijdelijk van aard moet zijn. Een *practical joke*. Een aflevering van *Bananasplit* die twee maanden duurt. Kijken of ik erin trap.

Bij het consultatiebureau verkneukel ik mij om het

feit dat de kinderarts mij zo serieus neemt, niet ziet dat ik maar een moeder spéél. Niet ziet dat onze gloednieuwe zoon geen zuigeling is maar een oude wijze man (kijk maar naar zijn ogen).

Terwijl hij gewogen en gemeten wordt, wisselen we samenzweerderige blikken uit. De wereld is gek geworden maar wij weten wel beter. Hij speelt zijn rol voorbeeldig, laat zich gewillig knuffelen, zoenen, wassen en verschonen, trekt voor de camera een pasgeboren gezicht. Ik oefen ondertussen op de taal van dit babyblauwe universum, omdat ik zo langzamerhand begin te begrijpen dat dit hele circus nog wel een tijdje zal duren. Regeldag. Clusteren. Kloven. Stuwing. Spruw. En het allervreemdste woord: de voornaam van mijn prachtige zoon, die ik nog altijd niet vol overtuiging uit kan spreken omdat het voelt alsof ik daarmee een groot geheim onthul.

Een vouwfiets of een baby

Ze verloor drie liter bloed, herhaalt de vrouw die met mijn zuurdesembrood in haar handen staat. Ik probeer zo onopvallend mogelijk op mijn telefoon te kijken. Tien over twaalf. Het is alweer zes minuten geleden dat ik hier met de baby in de draagzak gehaast naar binnen rende, maar het verhaal van de bevalling van de dochter van de bakkersvrouw achter de toonbank lijkt nog lang niet op zijn einde.

Iemand zei me ooit dat er twee dingen zijn die maken dat mensen oeverloos tegen je gaan praten: een vouwfiets en een baby. Een vouwfiets heb ik niet maar dat van die baby kan ik beamen. Waar ik vroeger in trams en bussen kon rekenen op de nukkige zwijgzaamheid van medepassagiers willen mensen nu, na een blik op de baby, de meest intieme dingen delen. Incontinentieklachten, opgedroogde sekslevens, doodgeboren kleinkinderen, alles komt voorbij. Wekenlang genoot ik van mijn nieuwe status als vertrouwenspersoon van de hele wereld. Ik was toegetreden tot een nieuw genootschap, de Club van Mensen met Kinderen. Ik praatte honderduit over bekkeninstabiliteit en postnatale depressies. Het gaf me een excuus om ongegeneerd mijn eigen ervaringen te delen. Er lopen zeker honderd wildvreemde Amsterdammers rond die heel precies weten hoe mijn bevalling is verlopen. Het werkte louterend, al dat geklets.

Maar inmiddels zijn we twaalf weken verder en ik heb de ervaring van de overdonderende eerste weken van het moederschap geloof ik wel verwerkt. Ik hoef even niet te horen hoe zwaar de bevalling van de dochter van deze vrouw was. Ik wil gewoon mijn brood. Na nog eens vier minuten lukt het me eindelijk om weg te komen. Ik mis de pont. Een vriendelijke dame naast me werpt een blik op mijn zoon en glimlacht vertederd. Maar voordat ze iets kan zeggen draai ik me om. Genoeg babypraat. Ik ben meer dan moeder.

Een dag later lig ik in het zwembad als in het pierenbad de babyles begint. Vanaf de borstcrawlbaan werp ik blikken van verstandhouding naar mijn nieuwe *peer group*. Maar ik ben hier kinderloos, aan niets als moeder te herkennen en de blikken blijven onbeantwoord. Een hevig gevoel van miskenning maakt zich van mij meester. Voor ik mezelf kan terugfluiten, ben ik uit het water geklommen en naar het ondiepe bad gelopen. Ik tik een van de deelnemers op de schouder, een oude vrouw, een oma waarschijnlijk, ik vraag haar na hoeveel weken de baby's mee mogen zwemmen. Het antwoord weet ik, ik heb het vanmorgen nog opgezocht op de website van het zwembad. Maar daar gaat het me niet om. Ik kijk naar de baby in haar armen, glimlach, vraag hoe oud hij is. Die van mij, begin ik, is namelijk net twaalf weken...

Dokter Spock weet alles

In de zestiende week van mijn zwangerschap surf ik naar een website die mij door een vriendin is aangeraden vanwege de overzichtelijke zwangerschapskalender. 'Week 9: je baby is nu bijna zo groot als een druif. Week 10: je baby heeft de grootte van een pruim.' Via de reuzengarnaal en drie soorten groente komen we stap voor stap bij een voldragen baby uit.

Niet alleen de baby wordt week voor week beschreven, ook de aanstaande moeder komt aan bod. Ik lees dat ik in week 11 op harde zuurtjes had moeten zuigen, dat ik in week 13 een duidelijke opleving van mijn libido had moeten opmerken en in week 14 de tijd had moeten nemen om te plannen en te dagdromen.

Nadat ik in een uur de kalender van week 1 tot week 40 heb doorgenomen, blijf ik ongerust achter. Heb ik me in week 10 wel voldoende zorgen gemaakt om de aanstaande omwenteling? Wat had ik eigenlijk moeten plannen in week 14?

En zo begon het. Babyopkomst.nl. Kindjeopkomst.nl. 24baby.nl. Babysite.nl. Babybytes.nl. Als ik wilde, kon ik de hele zwangerschap van dag tot dag lezen wat ik behoorde te voelen en denken. En óf ik het wilde. In deze onzekere tijd klampte ik me vast aan de babysites als een gelovige aan zijn bijbel. Had ik kramp in mijn kuit dan zocht ik net zolang tot ik een website vond waarop precies die kramp omschreven werd als het kenmerk van de week waarin ik me bevond. Als er één ding overboord gaat tijdens een zwangerschap dan is het wel de ambitie om bovengemiddeld of uniek te zijn. Hoe meer kwalen ik deelde met lotgenoten, hoe normaler ik me voelde. En hoe normaler, hoe geruster.

Soms was een kwaal onvindbaar. De oncontroleerbare lachaanvallen, de rasp in mijn stem, de klikkende knie. Doodongerust werd ik van deze blijken van individualiteit. Het gevaar van de gigantische hoeveelheid online-informatie is de suggestie van volledigheid. Als mijn klikkende knie nergens genoemd wordt, valt die dus buiten het spectrum van mogelijke kwalen en moet er iets gruwelijk mis zijn.

De komst van de baby heeft het er niet makkelijker op gemaakt. Waarom lacht hij niet met zes weken? Waarom wordt hij niet elke vier uur wakker voor zijn voeding? Waarom poept hij in bad terwijl de kraamzorg zegt dat baby's dat normaal niet doen?

Het aantal websites met mogelijke antwoorden is nu vertienvoudigd. Honderden experts raden duizenden tegenstrijdigheden aan en af. En na een paar weken googelen, weet ik nog maar één ding zeker: ik ben een amateur.

Dan komt mijn moeder aan met een stoffig, stukgelezen exemplaar van *Baby- en kinderverzorging*, de bestseller van dokter Spock, vergeten babygoeroe van het pre-Google-tijdperk. 806 korte hoofdstukjes met poëtische titels als 'Het braken van de verwende baby' en 'Waartoe het dient'. Achterin vind ik een inhoudsopgave waar je onderwerpen op alfabetische volgorde kunt opzoeken, van de A van aandacht tot de Z van zwezerik. De achterflap belooft 'duidelijke antwoorden op alle voorkomende vragen'. Daar is geen woord van gelogen. Alles, alles wat ik wil weten staat erin, ook de verlossende woorden: 'In veel gevallen moet de moeder trachten een verstandige beslissing te nemen.'

Nurse In

Ik hoor het mezelf nog zeggen: ik ga het bijvoorbeeld écht niet over borstvoeding hebben. Het was tijdens een gesprek met een vriendin die mij afraadde deze column over ouderschap te schrijven. Straks wordt je 'die moeder', waarschuwde ze. Ik begreep wat ze bedoelde. Een man die over zijn baby schrijft zal niet zo snel het gevaar lopen zichzelf te reduceren tot 'vader de man'. Als vrouw is je speelruimte beperkter. Ik heb meerdere vrouwelijke collega's die om die reden pertinent niet over hun kinderen of gezinsleven willen schrijven. Dat ik die waarschuwing in de wind sloeg mag duidelijk zijn, maar ik besloot daarbij wel om sommige (al te specifiek vrouwelijke) onderwerpen te vermijden. Borstvoeding bijvoorbeeld. Privégeneuzel, leek me.

Tot mijn baby me in een overvol café met gierende uithalen te kennen gaf dat hij wilde eten, en wel direct. En toen bleek het privégeneuzel plotseling de toetssteen voor de vrijzinnige Nederlandse moraal. Terwijl ik voorzichtig om me heen kijkend mijn blouse losknoopte en mijn baby begon te voeden, keken de mensen aan het tafeltje naast me geschrokken de andere kant op en binnen een mum van tijd leek hun ongemak zich tussen de overige tafeltjes te hebben verspreid. Mannen begonnen nerveus te kuchen, kinderen te giechelen, de ober durfde de cappuccino die ik besteld had niet naar de tafel te brengen, ik zag hem langzaam inzakken op de bar. Dat ik mijn best deed baby en borst zo goed mogelijk weg te moffelen onder een doek hielp weinig. Het hele café was zich plaatsvervangend aan het schamen. Ik geloof niet dat ik me ooit zo onfatsoenlijk heb gevoeld.

Inmiddels weet ik dat het taboe op borstvoeding in het openbaar een wereldwijde frustratie is, in ieder geval in de westerse wereld. Op fora wisselen nieuwe moeders geheimtips uit over discrete technieken en allesverhullende doeken. Er heerst een nieuwe preutsheid als reactie op de seksualisering van de maatschappij, zeggen de experts. Er zijn ook tegengeluiden. Beyoncé wierp zich op als boegbeeld voor de borstvoedende vrouw door in een restaurant haar dochter Ivy aan te leggen. En door heel Amerika worden Nurse Ins gehouden, openbare bijeenkomsten waarop groepen moeders al voedend hun rechten opeisen. Ook borstvoeding is dus politiek.

Ik doe mijn best me tegen de preutsheid te verzetten, met wisselend succes.

Tijdens mijn eenpersoons-Nurse In in Amsterdamse cafés houd ik zo veel mogelijk Doutzen Kroes in gedachten, die laatst in *Vogue* het goede voorbeeld gaf. Een ontspannen glimlach, haar T-shirt nonchalant een stukje opgetrokken en een relaxed drinkende baby in de armen. Ik heb nog een lange weg te gaan. Ik stuntel met sjaals en doeken en mijn baby spuugt de melk regelmatig weer uit en jengelt dan omdat hij niet begrijpt waarom zijn moeder iets verschrikkelijk simpels zo ongelooflijk ingewikkeld maakt.

Vier soorten brul

Lang, lang geleden, toen mijn baby nog een slaperige zuigeling was, drie kilo licht en de blik op oneindig, bestond zijn vocabulaire uit twee boze klanken: 'EEEEEH' en 'LEEEE'. Het eerste had iets te maken met vermoeidheid. Het tweede woord, gokte ik, betekende 'honger' (niet in de laatste plaats omdat het klonk als het Franse *lait*). Afgezien van deze twee huilwoorden hield hij zich stil. Werkafspraken, etentjes, lunches en lezingen, de baby sliep overal voorbeeldig doorheen. Met gepaste nonchalance incasseerde ik de complimenten over mijn welopgevoede zoon die ik nog op geen enkele manier had opgevoed omdat hij alleen maar dronk en sliep.

Een nieuwe tijd is aangebroken. De afgelopen weken is zijn vocabulaire op zijn minst vertwintigvoudigd. Er zijn keelklanken bijgekomen, hoge schrille uithalen, piepjes, brommen en een korte schater als hij lacht. De uren slaap zijn vervangen door urenlang geklets en voor als er lange tijd niet wordt teruggepraat heeft hij vier soorten brul. Waar hij vroeger tevreden in het luchtledige staarde, kijkt hij me nu steeds vaker vragend aan. Hij wil iets. We weten niet wat dus proberen we álles. Rondleidingen door huis en buurt, voorlezen uit boeken waar hij geen snars van begrijpt, muziek luisteren, series bekijken en toneelstukken met de knuffels die hij zelf nog niet vast kan houden. Steeds vaker denk ik dat hij eigenlijk maar één simpele wens heeft: gehoord worden.

Hij lijkt het meest tevreden als ik zijn gebrabbel geïnteresseerd aanhoor en vervolgens terugpraat.

Wat hij in elk geval níét wil, is nog langer mee naar werkafspraken, lunches en lezingen waar ik met anderen praat, in plaats van met hem.

Vorige week deed ik een laatste poging. Ik nam hem mee naar Hilversum, waar ik voor een radioprogramma vijf gedichten zou opnemen. Hij was moe. Ik had goede hoop dat hij zacht slapend de perfecte baby zou uithangen. Voorzichtig parkeerde ik hem bij de geluidscomputer en verdween in het opnamehok. Al na tien seconden hoorde ik zijn brul door de geluiddempende wanden. De redactrice was lief. Ze tilde hem op, probeerde hem stil te krijgen, terwijl ik me aan de andere kant van het glas probeerde te concentreren op een gedicht van Seamus Heaney. Het brullen werd harder. Ik nam hem mee het hok in, probeerde hem te interesseren voor het volgende gedicht.

Oeoeoe, koerde ik, moet je horen, Anne Sexton. Hij

hapte kwaad in mijn trui. Ik keek naar de vriendelijke redactrice, naar de vier bundels waaruit ik nog moest voorlezen, naar het rood aangelopen babyhoofd. Ik wist dat er maar één manier was om hem snel en voor langere tijd een soort van stil te krijgen. Aan de borst. En zo lukte het hem alsnog gehoord te worden, door duizenden luisteraars van Radio 1. Een live soundtrack van zacht gesmak onder een gedicht van Les Murray.

Ik zie mijn zoon niet

Is dit iets wat andere ouders herkennen? Het lukt me niet om mijn kind te bekijken. Ik bedoel, te bekijken als één geheel. Ik zie zijn ogen, de schans van zijn neus, zijn ronde knieën, maar ik kan in die afzonderlijke delen mijn zoon niet ontwaren. Ik kan niet naar hem kijken zoals ik naar andere mensen kijk. De afstand is te klein, zelfs als hij verder weg is krijg ik geen overzicht, alsof er een waas tussen ons in hangt. Een dichte mist die het uitzicht belemmert.

Heeft het iets te maken met het feit dat een baby op zichzelf niet bestaat? Dat ik een verlengstuk ben dat hij nodig heeft om zich voort te bewegen, te eten, te overleven? Dat ik voorlopig dus in zekere zin nog altijd hém ben? Jezelf kun je niet van buitenaf bekijken. Zelfs in de spiegel zie je niet wat anderen waarnemen als ze naar je kijken. Of heeft het misschien te maken met de manier waarop hij naar mij kijkt, alsof ik geen mens ben maar een kust waar hij moet aanmeren?

Soms lukt het als hij slaapt. Dan zie ik plotseling een hoofd op een romp met ledematen, en tien tenen, tien vingers.

Toen ik zijn vader net ontmoet had, lag ik 's nachts vaak wakker naar zijn slapende gezicht te kijken. Ik wilde dat gezicht uit mijn hoofd kennen, de verhoudingen, de lijnen, begrijpen waar ik zo verliefd op was. Hoewel ik nooit precies de juiste woorden vond om te omschrijven wat ik zag (niet de schans van een neus of de boog van een wenkbrauw maar het geheel, hoe alles samenhangt, wat er spreekt uit die samenhang – nou ja, geen juiste woorden dus; misschien is er voor elk mens een nieuw vocabulaire nodig) had ik het gevoel dat ik hem slapend pas echt leerde kennen. Maar onze zoon laat zich niet zo makkelijk kennen.

Soms als hij heel diep slaapt, zijn lijf zwaar en volledig ontspannen, zijn gezicht bijna bewegingsloos, dan zie ik een glimp van een jongen en soms zelfs van een man. Hij heeft een kleine, smalle neus, volle lippen, zijn ogen zijn twee schuine amandelen. Hij heeft een opgeruimd gezicht met iets van droefheid rond de mond. Een slapende man die op een ochtend, jaren hiervandaan, zijn ogen zal openen om niet mij maar iemand anders aan te kijken. Ik zie hem zelden, maar als ik hem zie stokt mijn adem, voel ik plotseling de gigantische afstand tussen hem en mij.

Huis zonder baby

We waren in dezelfde maand uitgerekend, de buurvrouw van een paar huizen verderop en ik. Ik hoorde het van haar vriend, met wie ik in gesprek raakte toen ik op een avond langs hun voortuin liep.

Hij zat op een groene plastic stoel een joint te roken en maakte een compliment over mijn bolle buik. Precies even ver als mijn vriendin, schatte hij. Haar zwangerschap, zei hij, was niet gepland maar hij had wel zin in een baby. Enige minpuntje was dat hij niet meer binnen mocht blowen.

Door het raam zag ik zijn vriendin voor de tv zitten. De woonkamer zag er leeg uit. Een flatscreen, een witte leren bank, in de hoek een knalrode kinderstoel die op de een of andere manier te groot leek voor de kamer.

De buurman nam een grote hijs van zijn joint en keek dromerig naar de zandbak in het plantsoen voor ons huis. Als het straks lente is, zei hij, zitten we daar samen op de rand.

Inmiddels is het lente, maar we hebben nooit samen op de rand gezeten.

Er is geen kind bij de buren.

Ik zie ze vaak, soms zelfs meerdere keren per dag, voorbijlopen. Geen baby te bekennen. De laatste maanden van mijn zwangerschap was ik weinig thuis, ik heb de buik van de buurvrouw niet zien groeien of verdwijnen, lange tijd wist ik niet wat er was misgegaan en wanneer. Ik wist alleen dat de buurman nooit meer buiten zat te blowen en vlug de andere kant op keek als ik met de kinderwagen langsliep.

Vorige week informeerde ik voorzichtig bij een andere buurman of hij misschien meer wist. Hij keek me samenzweerderig aan en fluisterde dat het om een 'Cordaan-stel' ging. Je weet wel, fluisterde hij. *Toezicht*. Die twee kunnen nog geen ei bakken zonder begeleiding.

En de baby?

Vast en zeker weggehaald door jeugdzorg, dacht hij. Ze zijn niet de enige, ging hij verder, ik kan alleen al in ons blok drie stellen noemen die hetzelfde overkwam. Dit is een buurt vol ouders zonder kinderen. Sommigen blijven het proberen, worden vier, vijf, zes keer zwanger en al die baby's worden weggehaald.

Ik keek naar mijn zoon, slapend in zijn kinderwagen, en bedacht me dat van alle rampscenario's die sinds zijn geboorte dagelijks door mijn hoofd schieten (kanker, achteruitrijdende vrachtwagens, een zinkende pont, omvallende steigers) deze optie nog nooit bij me was opgekomen. Een instantie die beslist dat je kind beter af is bij een ander en het op een dag weg komt halen.

Toen ik die avond langs het huis zonder baby liep, keek ik snel naar binnen. De buurvrouw en haar vriend zaten voor de tv, tussen hen in de twee dikke grijze poezen. Hij mocht weer binnen blowen. De grote rode stoel stond nog altijd in de hoek, de kamer zag er leger uit dan ooit.

De kwestie muts

Kort na zijn geboorte zet een verpleegkundige een blauw wollen mutsje op het verfrommelde hoofd van mijn zoon. Nooit afdoen, waarschuwt ze. Hij is te vroeg geboren, het is december en koud, afkoelingsgevaar ligt op de loer en de muts beschermt hem. Eenmaal thuis drukt de kraamhulp me nog een paar keer op het hart het ding dag en nacht op te laten, een advies dat ik angstvallig opvolg. Zelfs als hij voor het eerst in bad gaat twijfel ik even en als hij uiteindelijk blootshoofds in het water ligt schrik ik van zijn kale witte hoofdhuid, zo gewend ben ik geraakt aan die blauwe wollen schedel.

Na twee maanden is hij eruit gegroeid. Het afscheid van de ziekenhuismuts luidt een nieuwe periode in. Mijn zoon is dikker, het weer is beter. Voorbij, zorgen over afkoeling. Voorbij, obsessie met de muts!

Maar het gaat niet voorbij. Ik blijk niet de enige in Nederland met een babymutsobsessie.

Nooit had ik kunnen bevroeden dat de aan- of afwezigheid van een simpel stukje stof de gemoederen zo bezig kan houden. Als mijn zoon zijn nieuwe muts draagt, regent het complimenten. Mooie muts, lekkere muts, fijne muts – goeie, warme, lieve muts. Maar wee mijn gebeente als wij een dag onbedekt van huis gaan – als de zon schijnt en hij goed ingepakt in de draagzak hangt, dicht tegen mij aan en zo warm dat we er allebei van zweten. Het maakt niet uit hoe rood zijn wangen zijn, hoe heet zijn nek, hoe tevreden zijn glimlach, zonder muts wacht ons een dag vol verwijten.

Zou het typisch Nederlands zijn, gevoed door onze wispelturige weersomstandigheden? Of is het omdat de muts vaak het meest zichtbaar is en dus het makkelijkst om commentaar op te leveren?

Op een bankje in de zon raak ik in discussie met een mevrouw die de kale knikker van mijn zoon vol afkeuring bekijkt. Het is warm, hij hangt rozig in zijn dikke winterjas in de draagzak. Ik wijs haar op het gevaar van oververhitting bij baby's. Maar het gaat niet per se om de muts, zegt de vrouw verontwaardigd. 'Een pet kan ook, of voor mijn part een doek. Er moet gewoon íéts op zijn hoofd!' En dan weet ik het.

De obsessie met de muts heeft niets met weersomstandigheden of zichtbaarheid te maken. Het is de aanblik van een weerloze babyschedel die het verlangen naar een beschermlaag wekt. Het is dus wachten tot eindelijk zijn haar gaat groeien, een mensenvacht die mijn zoon verlost van dat al te kwetsbare babyhoofd, en mij van dagelijks gesteggel over de kwestie muts.

Vet, vlees, grammen

Goed nieuws op het consultatiebureau. Onze zoon is sinds zijn geboorte twintig centimeter gegroeid. Hij weegt nu zes en een halve kilo, het dubbele van zijn geboortegewicht. Op het computerscherm is duidelijk te zien hoe hij de gemiddelde groeicurve achter zich laat. Hij is nu officieel een grote baby. Ik moet mijn best doen niet te juichen, kinderachtig, ik weet het, het consultatiebureau wakkert met zijn grafieken, weegschalen en meetlatten nu eenmaal mijn competitiedrang aan.

Maar tijdens het aankleden maakt mijn triomf plaats voor weemoed. Mijn zoon lijkt mij plotseling buitenproportioneel groot. Het piepkleine mannetje met de oeroude kop dat vier maanden geleden bij ons kwam inwonen is verdwenen onder lagen vet. Even heb ik de vreemde sensatie dat die grote baby op de aankleedtafel mijn kleine baby als een monster heeft ingeslikt.

's Middags ruim ik de commode op en schrik als blijkt dat hij meer dan de helft van zijn kleren niet meer past. Verbluft kijk ik naar de witte rompers in mijn handen, maat 50/56, heeft hij die ooit gedragen? En de minuscule sokjes, waren zijn voeten echt zo klein?

's Nachts lig ik wakker terwijl hij een slaap slaapt waarvan ik een paar weken geleden niet durfde te dromen. Lang, diep, aangepast aan het ritme van zijn ouders. Ik luister naar zijn ademhaling, al zoveel meer gecontroleerd dan toen. Ik pak zijn hand, voel hoe stevig de nagels, hoe dik zijn vingers zijn.

Ik denk aan die eerste nacht, hoe ik wakker schrok en secondelang niet wist of ik de vrouw of de baby was, hoe het voelde alsof een van mijn ledematen in de wieg naast me lag. En aan die eerste week waarin hij te veel gewicht verloor en we een nacht lang als een geoliede machine in de weer waren met kolfapparaat, flessenwarmer, poeder en water. Laat dit snel voorbij zijn, dacht ik toen. Geef hem vet, vlees, grammen.

Ik mis die nacht, hoe licht hij was, en het gevoel dat er zoveel op het spel stond.

'Er bestaat een specifiek soort melancholie,' schreef een Facebookvriend op mijn tijdlijn, 'die hoort bij het zien van kinderen die net iets jonger zijn dan de jouwe.'

En zo is het. Sinds het bericht over de verdubbeling kan ik niet meer zonder weemoed naar pasgeboren baby's kijken. Ik buig me over kinderwagens met een stille heimwee, de hoop iets terug te vinden van de kleine baby die in mijn grote baby verloren ging.

    De laden heb ik opgeruimd. De kleine kleren hebben een nieuwe bestemming gevonden, maar één paar sokken en twee rompertjes bewaar ik. Als bewijs dat ik hem ooit met een enkele hand kon optillen en er een dag was dat elke gram die hij aankwam voelde als een persoonlijke overwinning op de dood.

Een nacht zonder zoon

Het klonk zo aantrekkelijk: de baby uit logeren bij mijn zusje en haar vriend, wij een avond voor onszelf. We konden naar films en voorstellingen, boeken lezen, uit eten, dansen, drinken – als ik mijn zoon heb weggebracht rijd ik licht hysterisch de zestien oningevulde uren tegemoet.

Maar hoe dichter ik bij huis kom, hoe onbestemder ik me voel. Onwennig zitten mijn vriend en ik 's avonds naast elkaar op de bank. Het huis is zo stil, de box zo leeg. Boeken, films en feesten lijken plotseling zo saai in vergelijking met het vriendelijk gepruttel van onze zoon. Hoe komen we deze avond door?

De baby weer ophalen voelt als verliezen. We vermannen ons, kijken een film en gaan vroeg naar bed. Als we bijslapen, besluiten we, hebben we deze vrije avond toch nog goed besteed. Dat onze zoon al weken doorslaapt en we eigenlijk best wel uitgerust zijn, vergeten we voor het gemak.

Ik kan niet slapen. Na een paar uur lezen ga ik naar beneden, klap mijn laptop open en begin te typen. Een vertrouwde vermoeidheid prikt achter mijn ogen, de slapeloosheid uit het tijdperk van voor de baby. Een geconcentreerde schemertoestand waarin ik uren kan doorwerken. Ik dacht ik mijn zoon de afgelopen weken had leren doorslapen, maar als ik een paar uur later nog altijd beneden zit realiseer ik me dat het andersom is.

Ik wacht tot het licht wordt en nog iets langer. Met mijn zusje heb ik afgesproken hem rond tien uur 's ochtends op te halen. Om halfacht stap ik op de fiets en een kwartier later sta ik voor de deur. Alle gordijnen zijn nog dicht, de telefoon wordt niet opgenomen: ze slapen nog. Het zou verstandig zijn nu terug naar huis te fietsen en iets nuttigs te doen met mijn laatste vrije uren, maar het idee nog een minuut langer zonder mijn zoon te zijn vind ik inmiddels onverdraaglijk.

De bel is kapot. Soms slaapt mijn zoon tot negen uur, dat is nog vijf kwartier. Achter het huis zoek ik een handvol kiezels die ik voorzichtig tegen het raam gooi. Het is koud, ik ben moe, ik wil mijn baby. Ik gooi nog meer kiezels, harder nu. Een buurman loopt langs en vraagt of ik iets zoek. Hij kijkt argwanend naar de steentjes in mijn hand. Mijn zoon is binnen, zeg ik.

Het klinkt belachelijk en zo voel ik me ook. Als de buurman zich omdraait, begin ik snel weer met gooien. Eindelijk vliegt het gordijn open, daarachter het verbaasde gezicht van de vriend van mijn zusje. Eenmaal binnen kijkt mijn zusje me onderzoekend aan en vraagt of de vrije avond wel beviel. Enorm, zeg ik en loop naar boven. Mijn zoon begroet mij met een tevreden glimlach. Hij heeft heerlijk geslapen.

De kleinste bank van Nederland

Mijn zoon heeft sinds vorige week een bankrekening. Het voelt een beetje absurd. Niet alleen omdat ik me niks kan voorstellen bij een zoon met een pinpas, maar ook, en vooral, omdat sparen mij wezensvreemd is. Geld, eten, drank; als ik het heb, moet het op.

Mijn zussen konden vroeger dagenlang over een lolly doen, het kleffe snoep steeds opnieuw in en uit het plastic rollen, er even aan likken en het dan weer opbergen. Soms was pas na weken het stokje in zicht en lag ik avond aan avond in onze gemeenschappelijke slaapkamer te luisteren naar het gekmakende geritsel van snoeppapier. Het goede voorbeeld deed in mijn geval niet volgen, wel bekwaamde ik mij in de kunst van het onderhandelen. Als ze de lolly nu deelden, kregen ze een aandeel in mijn toekomstige snoep.

Ik was een kwistig kind, met een altijd lege spaarpot. Mijn zakgeld investeerde ik in snoep, gummen en cadeaus. Ik maakte er een sport van dingen uit te zoeken die precies evenveel kostten als het bedrag dat ik tot mijn beschikking had. Dus kreeg mijn moeder een rubberen verlengstuk voor de keukenkraan van precies de één gulden en vijftien cent die ik mijn zak had en kocht ik voor mijn beste vriendin twee bolletjes jonge kaas bij Broodje Veronica een paar straten verderop. Als er een stuiver overbleef liep ik naar de bakker voor een zure mat, ook al hield ik niet van zure matten. Dát ik kocht was belangrijker dan wát ik kocht.

Toen ik op het hoogtepunt van mijn puberteit een schenking van mijn oma kreeg, ging ik nog de volgende dag langs de bank om het geld op te nemen en tot mijn grote verbazing kreeg ik het mee. In precies vier weken waren de vierduizend guldens op. Het bericht veroorzaakte een kleine schokgolf in de familie en mijn oma besloot dat het tijd was voor actie. Ze schreef me een brief waarin ze uitlegde waarom het de moeite waard is om te sparen. Geld is energie, schreef ze. Ze stuurde enveloppen mee met haar adres erop en het verzoek haar elke week een tientje op te sturen. Bij honderd gulden zou ze rente uitkeren. En zo werd mijn oma de kleinste bank van Nederland en veranderde ik dankzij een combinatie van schuldgevoel en omaliefde in een degelijke spaarder.

Het is alweer jaren geleden dat de eenmansbank abrupt werd opgedoekt.

Nog een paar maanden stopte ik tientjes in enveloppen, daarna zette ik ze weer om in spullen. Met niemand om het geld naar op te sturen voelde het sparen zinloos. Maar toen iemand mij vorige week vroeg of ik spaar voor mijn zoon, dacht ik aan mijn oma, aan haar brief, en haar spreuk 'Geld is energie'. Ik opende een rekening en stelde een automatische afschrijving in. Elke week een tientje van mij naar hem.

De sekseneutrale opvoeding

Onze zoon was een dochter vandaag. Dat kwam door zijn broek. Spijkerstof met op de pijp gestikte hartjes en bloemen in verschillende tinten roze, een afdankertje van de baby van een vriendin. Een mevrouw in de tram noemde hem een 'pittig meissie', in de supermarkt zwaaide iemand naar 'de dikke jongedame'. Toen hij in de rij voor de kassa wild tegen de rand van de wagen trapte, glimlachte een vriendelijke mevrouw dat hij een 'lekker dominant prinsesje' was. Mijn zoon heeft een jongensgezicht. Zijn altijd rusteloze benen ontlokken normaal gesproken opmerkingen over een toekomstige voetbalcarrière, vandaag maakten een paar stiksels van onze stoere voetballer een drammerige prinses.

Een sekseneutrale opvoeding, dacht ik altijd, dat kan niet moeilijk zijn. Maar dan komen de blauwe rompertjes, krijgt je zoon voetballen cadeau en boeken over stoere zeemannen en hoor je jezelf zeggen dat hij zo beweeglijk is dat hij later vast een goede sportman wordt. Sportman, geen balletdanser. Het is al met al een stuk gecompliceerder dan ik dacht. Tot voor kort zette ik onze zoon regelmatig in zijn stoel in de keuken zodat hij kon meekijken hoe ik kookte en afwaste. Win-win, dacht ik. Hij wordt beziggehouden terwijl er in zijn jongensbrein oerherinneringen worden opgeslagen aan huishoudelijk werk. Later bedacht ik met een schok dat het nu in al zijn oerherinneringen zijn moeder is die kookt en afwast. Even overwoog ik mijn vriend in de keuken te zetten, goed voor het inprentingsmechanisme, maar uiteindelijk dubbel werk voor mij omdat hij vies kookt en slecht afwast. Mijn pogingen tot sekseneutraal opvoeden confronteren me voorlopig dus vooral met het feit dat wij bepaald geen sekseneutraal huishouden runnen.

Mijn vrienden zijn verdeeld over de nature-nurturekwestie. Laatst hoorde ik een van hen zeggen dat je van een meisje geen jongen moet willen maken. Ik dacht aan mijn zus die tot haar twaalfde als jongen door het leven ging. Als mijn zusje en ik gingen paardrijden bracht mijn moeder haar naar voetbal, mijn vader naaide voor zijn drie dochters twee ballonrokken en een Skeletor-pak. Het gaat er niet om van het ene iets anders te máken, het gaat erom dat je ruimte schept zodat de ene zus zonder gêne in een tutu naar school kan en de ander verkleed als Skeletor. En waar begin je dan, vraag ik me nu af. Bij het speelgoed, de kleding, de boeken?

Ik ken een moeder die de namen van Jip en Janneke omdraaide als ze vroeger haar kinderen voorlas. Omdat jongetje Jip van alles onderneemt en de dreutelende Janneke een stereotiep meisje vertegenwoordigt. Om mezelf die moeite te besparen, lees ik mijn zoon voorlopig uitsluitend poëzie voor. Het hardst moet hij lachen bij de Russische kindergedichten uit het interbellum – '*Ik dacht en ik dacht/Toen blies de wind met zulke kracht/Dat ik vergat waarover ik dacht*'. Majakovski, Mandelstam en een jeans met hartenstiksels, later zien we wel weer verder.

Angstige stemmetjes

De zon schijnt en mijn zoon en ik liggen op een kleedje voor het raam. Hij heeft net geleerd hoe hij moet omrollen. Met een stomverbaasd gezicht werkt hij zich van zijn buik op zijn rug waarna hij hulpeloos blijft liggen, als een omgevallen schaap; de andere kant op lukt nog niet. Ik kietel zijn lange bleke benen, hij lacht zijn nieuwste lach en plotseling schieten er, uit het niets, twee zinnen door mijn hoofd.

En wie is die dreumes in zijn kieltje?
Dat is Adolfje, de zoon van meneer en mevrouw Hitler.

Het is het begin van 'De eerste foto van Hitler', een gedicht van Wisława Szymborska. Ik schrik, ik wist niet eens dat ik die zinnen letterlijk onthouden had.

Maar terwijl mijn zoon op een knuffel begint te bijten, dreunt een volgende door mijn hoofd: *tok, tok, wie is daar, dat is het kloppende hartje van Adolfje.*

Waarschijnlijk zijn er maar weinig ouders op de wereld die niet dagelijks worden overvallen door ongewenste gedachten met betrekking tot hun kroost. Hoe de kinderwagen met een rukwind het IJ in waait, hoe een meeuw met een gigantische snavel een snoekduik maakt op een zachte fontanel, hoe een stukje wortel in de slokdarm – en een paar duizend soortgelijke dingen. Ik ken een jongen die een tijdlang niet met zijn dochter naar Artis durfde omdat hij zeker wist dat hij haar voor de leeuwen zou gooien en een vriendin die soms geen groente durft te snijden met haar zoontje in de buurt voor het geval ze 'per-ongeluk-toevallig' uitschiet met het mes.

We praten er weinig over en als we het al doen is het op lacherige toon. We nemen het niet al te serieus, we hebben geen dwangstoornissen, we lijden niet aan postnatale depressies, we zijn blij en gelukkig met onze gezonde kinderen. Maar tegelijkertijd met de blijdschap is er een duisternis het leven ingeslopen.

Angstige stemmetjes, fluisterende duiveltjes.

Hitler is nieuw in het assortiment. Ik aai mijn zoon over zijn grote kale hoofd en dwing mezelf aan iets anders te denken. Terwijl hij met zijn tandeloze mond de zachte knuffel te grazen neemt, herinner ik me een college over de *oral sadistic phase* van kinderen. Iets met een goede borst en een kwade borst en hoe kinderen uiteindelijk leren dat beide borsten bij dezelfde persoon horen en ieder mens dus zowel het goede als het kwade in zich draagt. Als ik het tenminste goed onthouden heb.

Zachtjes, zeg ik, zachtjes. Maar mijn zoon bijt vrolijk door en ik lach naar hem terwijl in mijn hoofd een stemmetje zingt: *tok tok, wie is daar...*

Aan tafel

Jarenlang deed ik alles aan mijn eettafel behalve eten. Het was mijn werkstation, het blad vol post, boeken, blaadjes, vieze koffiekopjes. Alleen als er bezoek kwam schoof ik alles aan de kant om plaats te maken voor borden en bestek. Het liefst eet ik zittend op de bank, het allerliefst half liggend in bed, met een film of een boek of de radio aan. Ik weet hoe het hoort, thuis aten wij vroeger keurig aan tafel, ik kan goed met bestek overweg en prima converseren, maar als ik mag kiezen dan praat ik niet terwijl ik eet. Misschien is het geen toeval dat ik samenwoon met een man die er precies hetzelfde over denkt. Heel af en toe kijken we elkaar 's avonds schuldbewust aan – zullen we misschien toch... maar meestal eindigen we nog voor de zin is afgemaakt gewoon weer met ons bord op de bank. Wij zijn ongetwijfeld de meest ongezellige eters van Nederland. Nee, wacht, dat wáren we. Tot onze zoon bananen begon te eten.

Dat is nu drie weken geleden en sindsdien heeft ons huishouden een metamorfose ondergaan.

Sinds de dag dat hij vast voedsel eet, is de blik van mijn zoon veranderd. Hij kijkt kritischer, als iemand die ons over twintig jaar zal afrekenen op alle kleine weeffouten die nu al in de opvoeding sluipen. Hij volgt ons doen en laten met vreemde, volwassen ogen. Vreemde ogen dwingen en nu eten wij aan tafel. Omdat we denken dat het goed is voor onze zoon, omdat we niet die ouders willen zijn die op alle babyfoto's onderuitgezakt met hun bord op de bank zitten, omdat de opvoedboekjes het ons aanraden, omdat mensen nu eenmaal aan tafel eten en een groot deel van het ouderschap lijkt in te houden dat je doet wat mensen nu eenmaal doen.

Ook in de keuken is er van alles veranderd. Er ligt een permanente stapel groente en fruit op het aanrecht (dat is nieuw, wij koken nooit, wij zijn écht heel ongezellige mensen) en elke avond staat er een pan op het vuur met daarin een halve wortel of een eenzaam partje bloemkool.

Volgens het Stappenhapjesplan is het goed voor de coördinatie van een baby om met eigen handen het eten naar zijn mond te brengen, wat praktisch betekent dat onze wonderwolk zichzelf volstift met glibberige stukjes avocado en kleffe partjes broccoli.

Er wordt aangeraden hem rustig zijn gang te laten gaan en niet te vergeten van de zooi te genieten, want voor we het weten is baby een puber die niet meer aan tafel wil. Terwijl de baby een nat stuk bloemkool in zijn haar steekt kijk ik naar de bank en voor het eerst verlang ik naar onze toekomstige puber.

Met de lift

Een baby krijgen verlegt je loop. Ging ik vroeger standaard over de zonnige rechterstoep naar de pont, nu loop ik links, zodat mijn zoon niet tegen het felle licht hoeft in te kijken. Mijn vaste groenteboer om de hoek is ingeruild voor een andere, iets verder maar zonder irritante hoge drempel. Het klinkt misschien wat onbeduidend allemaal, maar het verschuiven van mijn routes heeft mijn verhouding tot de stad fundamenteel veranderd. Er zijn straten waar ik niet meer kom (te veel drempels, fietsers, andere kinderwagens), musea en cafés die ik mijd (te veel trappen, te veel stilte), plekken waar ik vroeger niet naar omkeek zijn nu plotseling aantrekkelijk – nooit gedacht dat het café van de Jumbo Foodmarkt een favoriete werkplek zou worden (ruim, lawaaierig, goedkoop). Er openbaren zich ook nieuwe ruimtes, zoals de honderden liften in de stad. Wie nooit een lift neemt, weet ik sinds kort, loopt een wereld mis.

In die kleine, vaak donkere hokjes ontmoet ik behalve toeristen met reusachtige koffers en andere babyverzorgers de mensen die geen trappen kunnen lopen. Het is een onverwachts neveneffect van het ouderschap, op regelmatige basis een ruimte delen met stadgenoten die slecht ter been zijn: ouderen, invaliden, gewonden. Er verzamelt zich in een lift veel kwetsbaarheid waar ik vroeger achteloos aan voorbij ging.

Behalve trefpunt voor gebrekkigen is het ook de ideale plek voor een praatje; intiem én openbaar en vanwege de ultrakorte reistijd geen kans op pijnlijke stiltes.

De gesprekken zijn flarden, soms licht absurdistisch van toon. 'Zakken maar, wat een pislucht, oelala, en geland.' Alledaagse poëzie in de schacht tussen verdiepingen.

Misschien ligt het aan mij, is mijn blik onbedoeld vragend, of kijk ik te lang, maar het lijkt of iedereen in de lift de behoefte heeft zich te verantwoorden voor zijn of haar aanwezigheid. Mijn heup, zegt een man met een verontschuldigende knik naar zijn rollator. Enkel gebroken, zegt een jongen op krukken. Als antwoord knik ik naar de kinderwagen, naar de baby die in deze context toch ook een soort lichamelijke beperking is.

Soms denk ik in de lift aan Susan Sontags uitspraak dat iedereen bij zijn geboorte twee paspoorten krijgt, één van het land der gezonden en één van het land der zieken en dat we allemaal ergens in ons leven de grens tussen die twee landen oversteken, voor even of altijd. Met een kinderwagen behoor je niet tot het land der zieken, maar wel tot het land van de mensen die in het geval van brand als laatste de nooduitgang bereiken. Het land van trage, immobiele inwoners.

Vaak stap ik deemoedig weer uit, dankbaar voor twee gezonde benen en enigszins verontrust vanwege mijn nieuwe staatsburgerschap.

Landkaart

In de foyer van een theater wees een jonge vrouw mij op de wit uitgeslagen cirkel die ter hoogte van mijn borst mijn blouse ontsierde. Moedermelk, zei ik. Iew! zei ze. Ze trok er een vies gezicht bij. Sorry, herstelde ze zichzelf, maar dat woord, moedermelk, dat is zo...

Ze maakte haar zin niet af, maar ik denk dat ik weet wat ze bedoelt. Het klinkt zo lijfelijk, bijna dierlijk. En dat is het ook. Nooit heb ik me zo verwant gevoeld aan katten en koeien als in de nachten dat ik liggend in bed een kind voedde. Ik ben inmiddels gewend aan de nieuwe vorm van lichamelijkheid die het moederschap met zich meebrengt, maar nog steeds voelt het als een *indecent proposal* als ik een technicus in een theater vraag om mijn afgekolfde melk in een ijskast te zetten. Sommigen durven het flesje nauwelijks aan te pakken.

Een moederlichaam is toch een ander lichaam, zei de verkoper in mijn favoriete winkel laatst toen ik zuchtend voor de buiktruitjes en leggings stond en vroeg of ze ook een postnatale collectie hadden. Zijn opmerking ergerde me, omdat het klonk als een diskwalificatie. Later bedacht ik dat hij gewoon gelijk heeft. Ik ben nog steeds verbaasd over de impact van twee zwangerschappen op mijn lichaam en ook op mijn relatie tot dat lichaam.

Het is alsof ik er meer mee samenval, de afstand tussen mij en mijn lijf is verkleind.

Het valt me nu pas op hoe weinig moederlichamen je eigenlijk ziet. In films en series zijn vrouwen zwanger of niet. Als ze zwanger zijn, hebben ze een stevige ronde buik die als een opzetstuk op een verder onveranderd figuur staat. Na de bevallingsscène zijn ze vrijwel onmiddellijk weer hun prenatale zelf. De aanloop, de nasleep, het vet dat achterblijft, de lekkende borsten; ze blijven buiten beeld. Maar mijn kinderen hebben blijvende sporen getrokken. Striemen, strepen, aderen, ruimte in mijn vel. Een landkaart van hun honger en groei.

Binnenkort heb ik geen vlekken meer op mijn blouse. Ik ben de voedingen aan het afbouwen. Wat er van mijn borsten overblijft moeten we maar zien, nog zoiets waar ik nooit rekening mee had gehouden. Ik mis wat ik was en toch zou ik niets van de veranderingen ongedaan willen maken.

Nee, wacht, ik zou willen dat het waar was, maar dat is niet zo. Ik heb vanmorgen nog gegoogeld waar je spataderen kunt laten verwijderen.

Die vreemde blauwe kronkel in mijn knie, daar wil ik vanaf.

Alles omwille van De Melk

Het is halfvijf in de ochtend en mijn zoon en ik liggen wakker in het eerste licht. Na maanden van suikerzoet doorslapen is zijn ritme sinds een week volledig omgekeerd. We slapen gemiddeld drie uur per nacht en de dagen voelen meer en meer als hindernispistes vol onneembare hordes als boodschappen doen en deadlines halen. Vrienden en familie komen met verklaringen: tanden, ziekte, zomer, maar ik denk dat hij boos is. Op mij. Omdat ik de borstvoeding aan het afbouwen ben en omdat ik daar zo opgetogen over ben. Al bijna zes maanden leef ik van voeding naar voeding, in een lichaam dat uitzet en leegloopt in het ritme van andermans honger. Melkproductie houdt geen rekening met normale-mensentijd. Als ik een lange bespreking inga met een bescheiden decolleté kom ik er twee cupmaten groter weer uit. Sporten, werken, een half glas wijn; alles moet precies getimed omwille van De Melk.

De laatste weken bekruipt me soms de absurde angst dat de melk mij overneemt, mijn hoofd in drijft en alle gedachten wit kleurt. De angst dat ik voor altijd zoet en klotsend achterblijf.

Ik vind het tijd om af te bouwen, maar mijn zoon vindt van niet.

Hij gaapt, zijn ogen zijn waterig van de slaap. We weten allebei wat hij wil. Wegdommelen aan de borst. Onze oude symbiose. De verleiding is groot. Stoned van vermoeidheid stuur ik mijn gedachten in de richting van weekenden weg, flessen wijn, halve marathons. Ik probeer mijn zoon in slaap te sussen. 'Ssssshhhh, sssshhhh.' Ik denk aan de slangenbezweerder die ik ooit in een documentaire zag. Als je iets wilt bezweren, zei hij, moet je er één mee worden. Maar één worden is nu precies wat ik niet meer wil. Ik wil twee, twee losse mensen die stil en rustig de nacht doorslapen. Mijn zoon gaapt weer, zijn ogen draaien langzaam weg. 'Sssshhhh,' – hij valt bijna, bijna in slaap, glimlacht – en poept dan met veel lawaai zijn luier vol: 1-0 voor de baby. Een gemene stank kruipt onder het dekbed vandaan. (Hoe vaak heb ik niet gehoord dat de poep van je eigen kind niet stinkt? Leugens!) Als we na het verschonen klaarwakker in bed liggen ga ik overstag. Het is inmiddels halfzes. Buiten is een nieuwe dag begonnen. Over twee uur gaat de wekker. De laatste keer, mompel ik, terwijl ik hem optil, de aller-allerlaatste keer, maar hij luistert niet, hij drinkt, en geeft zich dan luid snurkend over aan de slaap der overwinnaars.

Afscheid

De makelaar kijkt goedkeurend het appartement rond. Volgens hem kunnen we het binnen twee weken verkocht hebben, met een beetje mazzel boven de vraagprijs.

De huizenmarkt zit weer in de lift, mijn fijne, betrouwbare huurder vertrekt; het ideale moment om dit huis op Funda te zetten.

Sinds we de kleine woonkamer binnenstapten voel ik een knoop in mijn maag. De geur en het licht brengen herinneringen boven aan de maanden dat ik hier introk, acht jaar geleden. Ik werkte aan mijn eerste dichtbundel en derde theaterstuk, ik was alleen en ambitieuzer dan ooit. Avonden lang zat ik hier te lezen en te schrijven, in stilte en, als ik het me goed herinner, volmaakt gelukkig. Vanaf het kleine Franse balkon aan de voorkant zag ik boten de stad binnenvaren, vanuit het slaapkamerraam treinen het station binnendenderen. Alles om mij heen bewoog. Ik bevond me in het centrum van de wereld, drie kleine lichte kamers waarin ik razendsnel leefde.

Toen ik twee jaar later samen ging wonen besloot ik mijn huis niet te verkopen, maar te verhuren. Het gaf me rust te weten dat ik altijd nog terug kon naar dat licht, die tijd, dat tempo. Voor het geval dát, was mijn standaard antwoord op de vraag waarom ik het aanhield. Voor het geval dat ik een wormgat nodig had, mijn leven uit.

De makelaar berekent hoeveel mijn wormgat minimaal moet opleveren en ik heb het gevoel dat ik verraad pleeg. Dit was de ruimte die ik per se voor mezelf wilde bewaren voor als ik ooit – voor als, voor misschien, voor het deel van mij dat in stilte wil lezen en schrijven en liever naar treinen dan naar mensen luistert.

Maar er is een ander huis nu, groter en voller, met een hypotheek die moet worden afgelost, en een baby die mij met zijn dwingende aanwezigheid en prachtige ronde ogen vastpint in het hier en nu. Ik heb nooit geloofd in alles of niets, altijd alleen maar in 'alles', maar een kind sluit vele levens uit. De mogelijkheid die het huis bewaarde is geen mogelijkheid meer. Het wormgat is een doodgewoon appartement geworden. Ik kijk naar de bleke houten vloer die mijn vader en ik hier eigenhandig legden, tot diep in de nacht, naar het graffitihart op het treinviaduct aan de overkant van de straat waarmee mijn vriend mij definitief veroverde en naar het balkon waarop ik ooit verklaarde dat ik niet per se kinderen wilde omdat mijn leven zonder al zo rijk was en ik mijn vrijheid niet op het spel wilde zetten.

Ik zeg dat ik een maand nodig heb om het op te ruimen, schoon te maken, te verven.

Een maand om meter voor meter afscheid te nemen.

Een rorschachvlek tussen mijn benen

'Dit is je onderkant.' De gynaecoloog schuift een A4'tje over tafel waarop ze met een blauwe ballpoint een schets van mijn bekkenbodem maakte. Het is een rommelige verzameling cirkels en strepen, vrijwel identiek aan de vijf schetsen die ik eerder deze zomer door artsen en fysiotherapeuten kreeg toegeschoven. Met in het middelpunt van al die plattegronden steeds dezelfde lange, scheve streep: het litteken.

Tijdens de bevalling werd ik ingeknipt, de knip werd gehecht, een zenuw raakte beschadigd en op de plek van de beschadiging ontstond een kluwen zenuwweefsel die nu al acht maanden een constante pijn uitstraalt. Voor we bij die diagnose uitkwamen was mijn 'onderkant' al tientallen keren uitgebreid bekeken en besproken. Langzaam maar zeker kreeg ik het gevoel een rorschachvlek tussen mijn benen te hebben, open voor de uiteenlopende interpretaties van gehaaste specialisten. Een bezorgde fysiotherapeut stelde een psycholoog voor vanwege een mogelijk verdrongen seksueel trauma, een voortvarende gynaecoloog zette een grote spuit met verdovingsmiddel recht in de zenuwknobbel waarna ik flauwviel van de pijn. Toen de klachten daarna verergerden, bood ze aan me de volgende dag te opereren.

En nu zit ik hier, in de volgende steriele behandelkamer, met de zoveelste goedkope fotoprint aan de muur. Ben ik een moeilijke patiënt? Te veeleisend? Overgevoelig? Bij het inwendig onderzoek zegt de gynaecoloog dat ik moet ontspannen, omdat anders de pijn verergert. Ik wil antwoorden dat het niet makkelijk is om te ontspannen bij artsen die zelf niet ontspannen zijn, die met een overvolle wachtkamer en één oog op de klok de meest intieme details van mijn lichaam en leven onder de loep nemen. Ik wil zeggen dat het zou helpen als we op een andere toon tegen elkaar zouden praten, als ze iets zou zeggen als 'Wat vervelend voor je'. Veel meer heb ik niet nodig.

Ik zou haar willen vertellen dat ik verbijsterd ben over alle verhalen die ik nu plotseling te horen krijg van vrouwen die maanden-, zelfs jarenlang met soortgelijke pijn rondliepen, dat dat niet helpt, dat ik nooit had gedacht dat één bevalling zich zo lang zou wreken, maar ik ben hier al tien minuten en de gang zit vol vrouwen met gehavende onderkanten en weinig tijd. Terwijl ik probeer te ontspannen denk ik voor de zoveelste keer aan wat de kinderarts in het ziekenhuis zei, vlak na de geboorte: wie een baby krijgt, krijgt ook een wond en die wond moet je verzorgen.

Een kind, een wond.

Bliksemafleider

Vorige week hadden we ons eerste kinderfeestje, op een stampvolle bovenverdieping in het centrum van de stad. De volwassenen zaten in een wijde kring in de kamer, daarbinnen krioelde het van baby's, dreumesen en peuters die een oorverdovend lawaai voortbrachten. De volwassenen zeiden weinig, ze aten van hun pastasalade en keken de arena in. Soms stond iemand op om nageslacht onder een stoel vandaan te vissen. Ik dacht aan de jaarringen van een boom, stevig hout rondom de levende laag. In ons midden werd gehuild, gekraaid, gegild, gelachen – onze zoon kauwde tevreden op de voet van een kleinere jongen die op zijn beurt platgestampte pasta van de vloer probeerde te likken. Ik kende weinig mensen op de verjaardag en normaal gesproken zou ik een beleefd gesprek zijn begonnen met de vrouw naast me, maar het gillende kroost had hier de sociale verwachtingen gigantisch omlaaggeschroefd. Er hing een gelaten sfeer. Wij hoefden alleen maar de kring in te kijken, een beetje te lachen, te eten en te drinken, verder deed ons nageslacht het werk. Het was rustgevend. Toen we naar huis gingen, had ik geen woord met iemand gewisseld en voelde ik me volledig zen.

In een paar opzichten maakt een baby het leven makkelijker. Je hebt altijd en met iedereen een gespreksonderwerp en als je geen zin hebt om te praten altijd een reden het gesprek per direct af te kappen wegens honger, slaap of een vieze luier.

Geen betere bliksemafleider dan een baby. Met ons geheime wapen in de Maxi-Cosi werken we in *no time* ons lijstje sociale verplichtingen af, snel, voordat de baby kan praten en wij niet meer straffeloos kunnen verzinnen dat hij moe is en naar huis moet voor zijn middagslaap. Soms bekruipt me een schuldgevoel, dan hoor ik hem op de drempel van een saaie serviceflat diep zuchten in zijn Maxi-Cosi alsof hij weet: daar gaan we weer. Ik probeer het te zien als een kleine tegenprestatie van iemand die vierentwintig uur per dag op onze service kan rekenen.

Een vriend van mij die jaren gebrouilleerd was met zijn moeder gaat weer bij haar langs sinds hij een baby heeft. Mijn dochter is mijn bufferzone, zegt hij. Bij de vorige ontmoeting hadden hij en zijn moeder, reagerend op de pasgeborene, de hele ochtend alleen maar babytaal uitgeslagen. We begroetten elkaar, vertelde mijn vriend, namen anderhalf uur later afscheid en ertussenin zeiden we niets anders dan 'oeoeoe' en 'aaaa' en 'oooo'. Hij vond het de fijnste ochtend die hij ooit met haar had.

Perzische prinses

Al langer koesterde ik het verlangen om 'iets' te doen voor vluchtelingen, deze week kwam de proef op de som. Een gevluchte Afghaanse op zoek naar werk werd door mijn moeder aangenomen om wekelijks bij mij en mijn zussen op te komen passen. Een relatief dure constructie, want ze woont een eind bij ons vandaan dus komen er nogal wat reiskosten bij kijken, maar ze heeft het werk hard nodig, al is het maar om niet thuis te hoeven malen. Een uur voor de afgesproken tijd staat ze op de stoep: een stevige jonge vrouw met een vriendelijke glimlach en kort haar dat met tientallen speldjes is opgestoken. In de zitkamer slaat ze direct haar grote armen om onze zoon en verklaart hem in het Farsi de liefde. Het blijkt wederzijds en als ik de deur achter me dichttrek vind ik het al met al een behoorlijke win-winsituatie. Bij thuiskomst slaapt de baby, staat de afwas in het afdruiprek en is het speelgoed opgeruimd. Enthousiast zwaai ik de oppas uit en ren dan naar mijn laptop, want sinds hier in huis de stilte schaars is zijn de avonduren de beste uren om te schrijven.

Dan gaat de bel.

Ze staat er weer, natgeregend en ongemakkelijk. Of ze misschien mag blijven slapen. Ik weet niet of ik de laatste bus nog haal, zegt ze.

Ik wil haar aanbieden op de routeplanner te kijken, maar bedenk me. Ze ziet er zo verloren uit met die druipende speldjes en die veel te dunne jas. Ik realiseer me dat dit waarschijnlijk bij de deal is inbegrepen en maak op de bank een bed voor haar op. We drinken thee en ze vertelt over haar leven, en hoe het verkrijgen van een verblijfsvergunning voelde als opnieuw geboren worden, fantastisch en afschuwelijk. Ze wijst naar haar korte haar, uitgevallen door eenzaamheid en stress. Ze hoopt dat het hier in Nederland eindelijk weer zal groeien.

De enige ongebruikte tandenborstel die ik heb is een Jip-en-Janneke-babytandenborstel die al weken in de kast ligt in afwachting van de eerste melktand die maar niet wil komen. Het borsteltje is nauwelijks een halve centimeter, maar dat is precies wat ze nodig heeft, zegt de oppas terwijl ze op haar plaatjesbeugel wijst.

Eenmaal in bed kan ik niet slapen. Ik hoor hoe ze zich wast bij het fonteintje in de wc, ik hoor mijn vriend binnenkomen, iets onhandigs mompelen en de trap op vluchten.

Als ik twee uur later slaapdronken de babykamer uit

loop, schrik ik van haar gestalte in het donker boven aan de trap. Ik hoorde huilen, zegt ze verontschuldigend. Als ze zich weer omdraait, voel ik de aandrang mee te lopen, haar in te stoppen, maar nee, dat zou ontzettend raar zijn. Gelukkig is er nog mijn zoon, die de volgende ochtend met een gil van blije verbazing zijn Perzische prinses op de bank ontdekt. Zijn fruithap smaakt hem zichtbaar beter als zij hem in het Farsi toezingt dat dit een mooie dag zal worden.

Een tuin bleek toch wat ingewikkelder

Het is drie uur 's nachts en mijn zoon ligt ontroostbaar snikkend in mijn armen. Een fles, schone luier, boek, knuffels, muziek; niks helpt. Al anderhalf uur spoken we van kamer naar kamer door het huis. Nu staan we voor het raam beneden. Ik kijk naar de voortuin onder ons, naar het harde lantaarnlicht op het korte gras, de klimop die maar niet uitdijt, de boom die niet langer lijkt te willen worden dan een kleine twee meter.

Mijn hoveniersdrift begon deze zomer, het was zo'n dag waarop je niet weet wat je in godsnaam moet met alle uren die zich nog uitstrekken tot de volgende slaap. De boodschappen zijn gedaan, Nijntje is al drie keer naar de dierentuin geweest, de beren hebben meer brood gesmeerd dan ze ooit zullen opeten, de baby zwijgt en wacht, niemand weet waarop, en het wil maar geen middag worden – op dit soort momenten word ik nog regelmatig overvallen door de absurditeit van ons samenzijn: twee mensen, de een meestal moe, de ander half af, kunnen geen zinnig woord met elkaar wisselen en moeten samen de dag zien door te komen.

In een vlaag van – ja, wat eigenlijk? – besluit ik een tuin aan te leggen; gras, bloemen, een boom, schaduw voor deze lange zomeruren. Ik leen een schop bij de onderbuurman, plant de baby op een kleed, en kieper een voor een de harde grauwe tegels over het hek. Twee uur later is het voormalig stuk stoep een donker modderveld, klaar voor gras en een weelderige bloemenzee. Dacht ik.

Het blijkt allemaal wat ingewikkelder met een tuin. Onze onderbuurman, ex-hovenier, werpt zich op als coach. Ik plant de boom niet diep genoeg, zet een schaduwplant in de zon en andersom, enzovoorts, maar mijn grootste fout, zegt de coach, is mijn ongeduld. De boom moet nog zeker drie jaar groeien voor hij schaduw geeft, die aardbeien worden in de herfstzon niet meer rijp en de rozenstruik zal deze zomer niet meer uitdijen.

Zoon is gestopt met huilen nu en kijkt met mij mee uit het raam. De aardbeienplant is vanmorgen voor overwintering naar de schuur van de onderbuurman verhuisd, net als de gezellige gele bolchrysanten. Het ziet er leeg uit, onaf. De winterharde planten staan er klein en onvolwassen bij. Over een paar jaar, zegt de onderbuurman, is het hier onherkenbaar veranderd. En in de tussentijd moet ik maar genieten van de groei.

Zoon huilt weer en hapt in mijn hand. Ik voel een

scherp randje dat er eerder niet was. Als hij zijn mond opendoet, schemert in het roze vlees het begin van een heel kleine tand.

Vogelklauwtjes spoken door de kamer

Pas bij de afslag Almere durf ik de chauffeur te vragen hoe zijn dochter is overleden.

Het kwam nogal achteloos ter sprake vlak na ons vertrek uit Heerenveen, als we in de zachte Italiaanse stoelen van zijn auto over Friese rotondes zoeven en ik net met het thuisfront heb gebeld om te vragen hoe de avond was. De chauffeur zegt dat het lastig moet zijn, theaterwerk combineren met een kind. Niet lastiger dan taxirijden, antwoord ik en ik vraag of hij kinderen heeft.

Een zoon, zegt hij, en ik hád een dochter.

Ik voel hoe iets zich samenknijpt in mijn maagstreek, de fysieke reactie die de combinatie kind en dood tegenwoordig bij mij oproept.

De chauffeur praat verder over de zoon, ik denk aan de dochter.

Of, eigenlijk, aan de dood van de dochter. Ik wil weten hoe oud ze was, wat er gebeurde, of dat vaker gebeurt. Of, beter gezegd, hoe groot de kans is dat het mijn zoon gebeurt.

Ik wil het weten en niet weten, zoals je wel en niet de korst van een wond wilt krabben, opziet tegen het bloeden maar de verleiding niet kan weerstaan.

Toen ik een paar dagen voor de bevalling in alle haast mijn ziekenhuistas moest inpakken, graaide ik zonder nadenken twee boeken mee van de stapel naast mijn bed en zo kwam het dat ik wachtend op de weeën de keuze had tussen een naslagwerk over mystici in de twintigste eeuw en een dichtbundel van Esther Jansma vol huiveringwekkende gedichten over de dood van haar zoontje.

'Hij beeft, hij hangt aan de aarde/die zijn handen, grijpmachientjes,/vogelklauwtjes, kneden/uit de takken van lakens.'

Nog dagen spookten de vogelklauwtjes door de kamer. Net als later het schaduwkind van Thomése, de doodzieke Anatole over wie vader Mallarmé een bundel volschreef en het vroeggestorven kindje van een moeder uit mijn sportgroep.

Iemand vertelde me ooit dat ze na haar besluit om zwanger te willen worden een documentaire keek over een moeder die haar kind verloor. Ik wilde niet alleen weten of ik het kon krijgen, zei ze, maar ook of ik het kon verliezen. Ik denk dat ik dat begrijp.

De chauffeur praat nog altijd over zijn zoon en ik vertel over de mijne, over zijn fantastische tand, zijn liefde voor wielen en katten.

Swifterbant. Emmeloord. De donkere polder. Almere.

Na mijn vraag is de chauffeur even stil, zijn blik gefixeerd op de lege weg.

Een auto-immuunziekte, antwoordt hij dan.

Voor we er erg in hadden, glipte ze weg.

Nog drie kwartier tot Amsterdam.

Het zal vannacht weer spoken.

De coole mevrouw

Nieuw in de categorie van dingen die ik nooit voor mogelijk had gehouden: ik word onzeker van de oppas. Niet de Afghaanse over wie ik eerder schreef, maar onze tweede, jongere oppas. Een opgeruimde tiener die hier in de buurt woont en dus vaak ad hoc kan inspringen. Het is niet alleen omdat ze zo onvoorstelbaar fris afsteekt tegen mijn steeds vermoeidere kop, het is vooral omdat er in haar nabijheid niets, helemaal niets overblijft van mijn *natural cool*. Als ik een grapje maak kijkt ze verbaasd, bijna onthutst, en mijn opgewekte pogingen tot gesprek worden beantwoord met beleefde desinteresse. Ik voel me een opdringerige moeder, happig op contact en stel me voor hoe ze met haar ogen rolt als ze tegen haar vriendinnen over mij praat. Maar veel waarschijnlijker is dat ze nóóit over mij praat. 'Mevrouw' klinkt uit haar mond als een exotische soortnaam.

Ik begrijp het. Ik was ooit ook een tiener.

Wat ik niet begrijp, is hoe krampachtig ik ermee omga.

Probeer ik mezelf wijs te maken dat de twintig jaren die tussen ons gapen heus niet zoveel voorstellen? Dat ik een coole mevrouw ben?

Wat het ook is, het mislukt.

En nu sta ik al een kwartier voor de spiegel mijn nieuwe broek te keuren. Wijd, hoog, lang, met een hysterische bloemenprint. Het soort broek dat deze herfst in de bladen staat. In de winkel dacht ik: ja! En nu twijfel ik. Omdat ik mezelf bekijk door de ogen van het meisje beneden. Een halve bes in een veel te ambitieuze outfit.

Ik besluit de broek aan te houden. Het is toch te gek voor woorden om mijn kledingkeuze door de oppas te laten bepalen.

Als ik het handig aanpak kan ik ongezien naar de kapstok sluipen en mijn lange jas aantrekken, zodat mijn outfit geheim blijft. Zoals ik dat vroeger deed als ik voor mijn ouders wilde verbergen dat ik geld verspild had aan een zoveelste nieuwe trui of jurk.

Het lukt. Met een veel te blije '*doeidoei!*' laat ik haar whatsappend achter op de bank.

Ik vergeet dat het dilemma zich bij thuiskomst zal herhalen.

De oppas wordt 's avonds laat door haar moeder opgepikt, dus zitten we vaak nog even samen op de bank. Dit keer duurt even wel erg lang. De moeder is laat en mijn jas is nat, zeiknat. Om mij heen ontstaan vochtige plekken op de bank, maar ik wil nog altijd niet dat ze de broek ziet.

De oppas vraagt verbaasd of ik mijn jas niet uit wil doen.

Ik knik – 'o ja, natuurlijk' – en loop zo langzaam als ik kan naar de kapstok waar ik vervolgens doe alsof mijn rits kapot is totdat eindelijk, eindelijk de bel gaat.

De kinderen die niet worden geboren

De eerste drie maanden zijn bijna voorbij maar toch houdt ze het liever geheim, de zwangerschap. De vorige keer ging het na een eerste goede echo alsnog mis. Na drie jaar wachten weet mijn vriendin niet of ze de teleurstelling nog een keer aankan, dus probeert ze te doen alsof er niets aan de hand is, alsof er niets groeit en deelt onder haar navel. We drinken koffie en praten wat geforceerd over andere dingen. Als er op een onbewaakt ogenblik een grote glimlach doorbreekt op haar gezicht herpakt ze zichzelf.

Nog niet, zegt ze streng.

Een week later is het mis. Helder rood bloed.

Het grote wachten begint weer.

Dat er vanaf een bepaalde leeftijd om je heen veel kinderen worden geboren begreep ik altijd wel, maar wat ik me niet realiseerde is dat er vanaf dat moment ook veel kinderen níét worden geboren.

Er wordt op ze gewacht, soms jaren. De vriendin in kwestie wacht nu drie jaar. Soms is ze er maanden niet mee bezig, dan weer leeft ze van cyclus naar cyclus in een zich steeds herhalend patroon van piepkleine rouwprocessen; hoop, teleurstelling, acceptatie. Ik heb vrienden die alle mogelijke ziekenhuistrajecten doorlopen en vrienden die daar bewust van afzien. Ik heb altijd gedacht dat ik in het geval van uitblijvende zwangerschap tot die laatste groep zou behoren, dat ik mijn lot zou aanvaarden, mijn toekomstplannen aan zou passen.

Maar de laatste jaren ben ik daar niet meer zo zeker van. Ik zie de worsteling van mijn wachtende vrienden, hun gebeitelde glimlach bij het zoveelste babybezoek. Ik schaam me voor de directheid waarmee ik vroeger informeerde naar een kinderwens.

Ik denk steeds vaker aan tante Rita in haar grote lege huis, met een kelder vol speelgoed, aan tante Bea die nooit goed leek te weten wat ze tijdens een bezoek met mij en mijn zussen aan moest. Die houdt niet van kinderen, dacht ik toen. Ongemak, denk ik nu. De kans dat zich tussen mijn vrienden een Bea of Rita bevindt is dankzij de medische vooruitgang kleiner dan vroeger. Dat is winst, maar het maakt het tegelijkertijd moeilijker om de eventuele mislukking te accepteren. Niemand van mijn wachtende vrienden kan zich voorstellen dat het ze écht niet lukt. Iedereen rekent op een oplossing, op een goede arts, op een klein wonder. Uiteindelijk komt het goed, hoor ik mezelf tegen hen zeggen. Uiteindelijk komt toch altijd alles goed.

Dieren en baby's

Zoals zo ongeveer alle kinderen van zijn leeftijd is ook mijn zoon een gepassioneerd liefhebber van dieren. Elke verfrommelde duif, slak of saaie poes die ons pad kruist kan rekenen op enthousiast gekraai. Ik heb lang gedacht dat het een natuurlijk gegeven is, kinderen houden van dieren, maar sinds ik zelf een kind heb, vraag ik me af of die liefde hen niet ook een beetje opgedrongen wordt.

In zeker driekwart van de kinderboeken naast het bed van mijn zoon spelen dieren een hoofdrol; zijn dekens en handdoeken zijn versierd met mollen, egels en papegaaien; hij heeft een berenpak, een muts met oren, kikkerlaarzen en een trui met een slurf. Voor alle duidelijkheid: ik heb de spullen er niet bewust op uitgezocht, maar wie met kinderen te maken heeft, krijgt de egels, kikkers en beren er gratis bij. Hun leven is doordrenkt van dieren, om precies te zijn: ongevaarlijke, onschuldige dieren. Zachte olifanten en leeuwen die te lui zijn om iemand op te eten, de dieren leven in een parallel universum veel beter dan het onze, een apolitieke wereld waarin alles goed afloopt en rechtvaardigheid zegeviert. Misschien zet ik mijn zoon daarom zo graag een muts met muizenoren op, omdat ik hem het liefst zo lang mogelijk in dat dierenrijk houd, liever een muis van hem maak dan een mens.

Het helpt dat baby's veel van dieren weg hebben, zacht en zonder taal, dat ze aanhankelijk zijn als hondjes en kaal als jonge vogels. Toen ik vorig jaar een oppashond meenam naar een bevriende jonge vader kon hij niet stoppen het oude, mormelige beest te knuffelen. Alle honden, zei hij, doen me nu aan mijn baby denken.

Ik vond dat destijds nogal overdreven maar wordt nu zelf al week van een bak vol hamsters in de dierenwinkel.

We projecteren de dieren op onze kinderen of andersom en zij brengen op hun beurt een verloren wereld weer tot leven. De afgelopen maanden komen ze een voor een terug in mijn gedachten; Black Beauty, Lassie, Skippy, Flipper, de IJslandse pony's uit *Nonni en Manni* – al die dieren uit mijn jeugd die plaatsmaakten voor blokhakken, kohlpotlood en de eerste sigaretten.

Als ik zie hoe gepassioneerd mijn zoon in zijn badeenden bijt, lijkt het onmogelijk dat het dierenrijk in zijn leven ooit plaats zal maken voor het mensenrijk.

Aan mij zal het niet liggen. Ik blijf muizenmutsen kopen tot de dag waarop hij zo ontzettend mens zal zijn dat geen hamster me nog aan hem doet denken.

Peace and tranquility

Onze eerste gezinsvakantie. Het hotel hadden we al snel gevonden, een oude finca tussen de bananenplanten. Op de website aanbevolen als *'A haven of peace and tranquility'* en *'the best possible experience for rest on your holiday'*. Vooral dat laatste trok ons over de streep na bijna elf maanden tweeploegendienst.

Peace and tranquility bereik je natuurlijk niet zomaar. Vier uur op babytempo door het gangpad van het vliegtuig schuifelen, een nachtelijke zoektocht over smalle slingerweggetjes met achterin een brullende zoon, en als we de bananenplantage eindelijk bereiken, een onrustige eerste nacht omdat het kind niet in het kinderbedje wil slapen.

Maar als we de volgende ochtend wakker worden met uitzicht op de palmen is alles vergeten. Vol frisse moed stappen we de ontbijtzaal binnen waar de eigenaresse van het hotel voorzichtig naar onze tafel loopt. Of we het erg vinden, vraagt ze vriendelijk, om van kamer te wisselen. De buurvrouw heeft geklaagd over geluidsoverlast. Ze is zwanger en wil 's nachts geen huilende baby's horen. Begrijpelijk, is mijn eerste reactie. Ik wil 's nachts ook geen huilende baby's horen. Maar als we na de koffie ons hebben en houwen drie kamers verder slepen ben ik geloof ik toch geïrriteerd.

Had de buurvrouw niet zelf naar ons toe kunnen komen met haar klacht om daarna in goed overleg te kijken wie van ons waarheen zou kunnen verhuizen en wanneer? Of ben ik moe en onredelijk?

De volgende nachten liggen we met gespitste oren naast onze zoon. We willen niet wéér verhuizen. Om het risico op huilen te beperken ligt hij tussen ons in en bij de minste kik wordt hij opgetild, gezoend, gewiegd, gevoed tot hij tevreden snurkend weer in slaap valt. Maar deze nachtelijke gezelligheid brengt nieuwe, onvoorziene risico's met zich mee: luid en uitbundig kraaien, een schelle, blije babylach.

Toen hij vanmorgen om halfzes gierend door het bed kroop zat er niks anders op dan naar buiten vluchten, zo ver mogelijk van onze hotelburen vandaan.

In de ochtendkou wandelen we het stille terrein af, langs de donkere bananenbomen, ver beneden ons de zee. Zoon brabbelt honderduit, wij zijn stil, half in slaap nog.

Het is zinloos, bedenk ik me, de rust op te zoeken als je de onrust in een draagzak met je meeneemt. Om halfzeven gaan we vast in de ontbijtzaal zitten wachten, over twee uur komt de koffie. We kiezen de tafel met het beste uitzicht op de zwarte rotsen aan de overkant. En zo zitten we tot de zon opkomt, en lang daarna.

De wielen van de bus gaan rond en rond

De crèche bestaat vijf jaar en nodigt de kinderen en hun ouders uit om dat te komen vieren. Buiten bungelen trossen ballonnen aan het hek van de tuin waar ondanks de slechte weersvoorspelling rijen tafels klaarstaan.

We worden verwelkomd door een van de beeldschone leidsters die voor de gelegenheid verkleed is als roodkapje. Binnen is het warm, vol met kinderen, slingers en sprookjesfiguren.

De leidsters dansen met de peuters op 'de wielen van de bus gaan rond en rond', ouders en baby's klappen mee. De avond ervoor heb ik in de rookruimte van een Amsterdamse poptempel nog wat laatdunkend over dit feestje gesproken, grappen gemaakt over ranja en *baby bubbling*. Maar nu sta ik hier luidkeels te zingen hoe de toeter van de bus van toet gaat. De combinatie van een lichte kater, de vroege duisternis en de danspasjes van Roodkapje maakt me sentimenteel. Ter verdediging van mezelf: de crèche van onze zoon is een bijzonder fijne plek. Er werken alleen maar mooie vrouwen en het ruikt er altijd zoet.

Soms voel ik een kleine steek van jaloezie als hij 's ochtends in al die warmte achterblijft terwijl ik mijn koude, onbeschermde dag in fiets. Ik schreef ooit in deze column dat een kind je leven vult met nieuwe angsten maar het tegenovergestelde is ook waar; en ik koester de overdaad aan zachte knuffels, lachende mensen en verhalen met een goede afloop. Als we zijn uitgezongen worden er met een kleine beamer foto's op een van de muren geprojecteerd. Een herfstwandeling in een zonnig bos, simpele kleurplaten, de eerste verkeerslessen op de verkeersvrije binnenplaats. Natuurlijk wacht iedereen op een foto van het eigen nageslacht maar de gekleurde lichtjes en onschuldige taferelen maken ons ruimhartig, ook bij de beelden van anderen roepen we vertederd 'ooooh' en 'aaaaah'.

Buiten vliegt een politiehelikopter over onze probleemwijk, buldert de wind over het kale plein. Buiten komen vluchtelingen aan en is de terreurdreiging opgeschaald. Wij staan hier veilig in het licht, te schuilen in het leven van onze kinderen en als ik heel, heel eerlijk ben vind ik dit feest leuker dan het rokerige gebeuren van gisteravond. Er wordt een grote suikertaart neergezet met in chocoladeletters de naam van de crèche. Er komt salade, pizza, falafel. We scheppen op en gaan met onze borden naar de tuin, waar de eettafels en banken staan. Even houden we het vol in het dreigende novemberweer, we klemmen onze borden vast in de rukkende wind. Maar al snel verkassen we terug de warmte in. Veel te onguur daar buiten.

Teenbijter

Vanmorgen beet de baby in mijn teen. Het was een vreemde exercitie. Plat op zijn buik gelegen kronkelde hij de halve meter over het kleed naar mij toe om vervolgens in een snelle beweging zijn vier ondermaatse tanden in mijn grote teen te zetten.

Maar écht vreemd werd het pas daarna. Terwijl ik hem verbaasd aankeek, gierde mijn zoon het uit. Hij lachte harder en langer dan hij ooit gelachen heeft. Het was de lach, realiseerde ik me, van iemand die een grap heeft uitgehaald.

Een grap uithalen betekent: met voorbedachten rade, een plan, een verwachting, strategie. Een grap uithalen betekent ook: een eigen gevoel voor humor.

Tot nu toe lachte onze zoon om prikkels die van buiten kwamen. Een liedje dat ik zong, een stemmetje dat iemand opzette, de avonturen van Bumba op de laptop, een voorbijlopende hond.

Dit was de eerste keer dat hij een volstrekt normale (en feitelijk humorloze) situatie veranderde in een, voor hem, lachwekkend moment.

Het voelde als een onthulling – een korte flits van wat er zich in zijn hoofd afspeelt.

Het plan om in iemands teen te bijten.

Welke plannen heeft hij dan nog meer?

Onze baby is sinds kort officieel baby-af. Van de tien 'Oei ik groei'-sprongen heeft hij er al zeven doorlopen. In de app op mijn telefoon schuift een blauw icoontje elke dag een stukje verder richting de laatste bliksemwolken. Nog drie grote groeisprongen te gaan. Programma's, principes en systemen, daarna moeten we het stellen zonder de overzichtelijke Oei-ik-groei-app die bondig samenvat waar zoon mee worstelt en naar verlangt en wat hij nodig heeft (wat opvallend vaak op hetzelfde neerkomt: troosten, vasthouden, aanmoedigen). Hij heeft een echte leeftijd, één, en een nieuwe soortnaam: dreumes. Ik ben er geen fan van, die zuinige 'eu' opgesloten tussen 'm' en 'dr', niet de allerbeste klanken voor een tamelijk nieuw leven. Geef mij maar het open en vriendelijke baby. Zo blijf ik hem nog even noemen.

Baaaa-by.

Omdat ik dat 'eu'-woord niet over mijn lippen krijg.

Nieuwsgierig naar de oorsprong van zo'n onooglijk woord zocht ik het op in het etymologisch woordenboek.

Het grondwoord, staat er, is vermoedelijk *dreum*, '*draad die van de schering overblijft*'. Een nevenvorm van '*drom*', staat eronder, '*stukje overgebleven kettingdraad*'. En daaronder de mooiste verwantschap: '*Een nevenvorm van "drum"*', '*afgesneden stuk*'.

Mijn beste kerstdiner ooit nuttigde ik in het BovenIJ ziekenhuis in Amsterdam-Noord

Bijna kerst. Terwijl we plannen waar we wanneer gaan eten, denk ik met heimwee terug aan vorig jaar. Het beste kerstdiner van mijn leven, in het BovenIJ ziekenhuis in Amsterdam-Noord. Technisch gesproken was het nog geen kerst, maar er knipperden lichtsnoeren op de parkeerplaats en uit een verre radio klonk Mariah Carey's 'All I Want For Christmas Is You'. Het was de avond van 20 december. Op de gang liep bezoek af en aan met feestelijke schotels; de geur van kip en knoflook vulde onze kamer.

Mijn vriend en ik hadden zeker twaalf uur niet gegeten. Een uur eerder was onze zoon paars en schreeuwend op mijn borst gelegd. De bevalling was zwaarder dan ik me ooit had kunnen voorstellen. Ik lag gehavend en uitgeput in het ziekenhuisbed toen een verpleegster binnenkwam met lasagne. Een karig kerstdiner, zei ze verontschuldigend, maar na de eerste hap keken mijn vriend en ik elkaar verbijsterd aan. Ik heb nog nooit, riep mijn vriend, nog nóóit zulke lekkere lasagne gegeten! Ik kon het alleen maar beamen. We complimenteerden de verpleging, vroegen naar het recept, we wilden er nóg een bestellen, maar er was niet meer. De maaltijd nam mythische proporties aan, 's nachts, met de baby snurkend naast ons en het puffen en schreeuwen van een barende vrouw een paar kamers verderop, hadden we het nog steeds over die perfecte structuur van het deeg en de goede temperatuur van de saus.

Nooit voelde ik me kerstiger dan die drie dagen op de kraamafdeling. Onze piepkleine kamer was warm en zacht verlicht, op de balkons van de flat tegenover ons raam knipperden lichtjes in de regen en 's nachts kregen we bezoek van smalle witte engelen in verpleegsterspakken die ons thee brachten, en fruit.

Het was de perfecte stal, vol knuffeldieren, en lyrisch bezoek dat geschenken aan de voeten van onze verfrommelde baby legde.

Van de feestdagen erna herinner ik me weinig. We waren thuis, we sliepen niet. We keken films en we keken naar de baby. De gordijnen waren dicht, als er mensen belden nam ik meestal niet op en op oudejaarsavond vielen we met z'n drieën om tien uur in slaap. Even werd ik wakker van een strijker op straat en ik maakte half bewusteloos met mijn telefoon wat foto's van het vuurwerk vanuit het vage gevoel dat het leven me ontglipte en ik de overgang naar dit nieuwe jaar toch moest vastleggen. Vanmorgen keek ik die foto's terug. Geen vuurwerk te zien, alleen het achterhoofd van onze zoon groot en kaal in het midden van het beeld.

Het was vanuit deze staat van zijn dat ik een paar weken later mijn eerste column over moederschap schreef. De overweldigende gevoelens van toen lijken alweer een leven geleden.

Een jaar later, de hormonenstorm uitgeraasd, het leven weer enigszins voorspelbaar, is onze baby steeds minder het centrum van het universum. Of beter gezegd, mijn blik heeft zich verruimd. Om eerlijk te zijn vond ik het gênant om die eerste column vanmorgen terug te lezen. Omdat ik in mijn schrijven de stem herken van de kersverse ouders om mij heen; verblind, verliefd, ervan overtuigd dat hun achtbaan een compleet unieke ervaring is. Plotseling begreep ik de lezeres die mij mailde dat ik het misschien allemaal wat groot maakte. Miljarden vrouwen gingen u voor, schreef ze, het is bijzonder, maar ook weer niet zo.

Ze heeft gelijk. Mijn zoon en ik zijn gewoon een moeder en een kind, zoals je er miljoenen hebt.

Precies daarom ben ik blij dat ik de ruimte kreeg om zo snel na de bevalling te beginnen met schrijven. Ik ben blij dat er zo weinig afstand was, dat ik elke week weer onder woorden moest brengen wat er zo bijzonder was aan de doodgewone gang van zaken.

Die eerste verpletterende gevoelens verdwijnen,

maar ze vormen de blauwdruk van het alledaagse leven dat volgt en resoneren er in door; de afschuwelijke angst, de liefde, de fysieke pijn, de twijfel, het schuldgevoel, de kraamtranen, de overtuiging dat dit een exceptionele ervaring is. Als ik later was begonnen met het schrijven van deze column, met terugwerkende kracht, waren het andere verhalen geweest. Ingetogener, ironischer, denk ik.

Ik zou mezelf gecensureerd hebben en minder geraakt zijn door alle tips, complimenten en verwijten die ik kreeg.

Meerdere malen werd mij geschreven dat mijn opvoeding nu al niet deugt, iemand verzekerde mij dat mijn zoon ADHD zou krijgen met zo'n rusteloze moeder, iemand schreef dat ik minder moest werken, iemand anders dat ik mijn zoon zo snel mogelijk naar de crèche moest doen waar hij professionele begeleiding zou krijgen zodat de schade (lees: mijn invloed) beperkt zou blijven. Iemand had last van plaatsvervangende schaamte tijdens het lezen van het verhaal over de wond die ik aan de bevalling overhield. Dat deze mensen altijd vrouwen waren, verbaasde me in het begin. Later begon ik me af te vragen of er (afgezien van de enkele mannelijke brievenschrijvers) überhaupt wel mannen zijn die een column over ouderschap lezen. Ik hoop het maar.

Deze kerst geen ziekenhuis voor ons. De tijd dat we uitverkoren in het warme centrum van de wereld lagen is voorbij. Geen hemelse lasagne, geen knopje waarmee 's nachts de engelen op afroep verschijnen.

Wij gaan een ongetwijfeld prettige en zeer normale kerst tegemoet. We eten hier en daar, we steken kaarsen aan, we zoeken mensen op.

Maar die kleine warme kamer zweeft nog ergens door mijn lijf en ik reken op een levenslange heimwee naar de kerst van vorig jaar (die dus eigenlijk geen kerst was).

Vanmorgen vond ik in mijn bureaula een onooglijk A4'tje met een paar regels tekst.

'Afdeling: Kraam. U heeft gekozen: 1 Lasagne. De medewerkers van de voedingsdienst wensen u smakelijk eten.'

De medewerkers van de voedingsdienst moesten eens weten.

Mijn voormoederlijke zelf

Ik zit in een leeg repetitielokaal. We zijn klaar voor vandaag, nog vijf weken tot de première en we lopen voor op schema.

Ik zou nu naar huis kunnen gaan, mijn schoonmoeder, die vandaag oppast, kunnen aflossen. In plaats daarvan heb ik nog een koffie gepakt en mijn telefoon uitgezet.

Ik wil de tekst aanscherpen, verder nadenken over de vormgeving, iets uitproberen met het harmonium dat net werd binnengebracht.

Over vijf weken première betekent dat ik zo langzamerhand de tunnel inga, die prettige afgesloten koker waarin ik alleen nog maar bezig ben met de voorstelling. Na een paar jaar tunnelervaring kan ik het proces uitspellen. De euforie, de dips, de knagende twijfel, het 's nachts wakker worden met nieuwe ideeën voor het lichtplan of het einde. Hoe dichter de première nadert, hoe haastiger ik op zal staan, naar het station zal rennen, ongeduldig zal wachten tot iedereen eindelijk zijn koffie opheeft en we kunnen beginnen met de repetitie omdat het af moet, goed moet, beter moet.

Ik weet dat ik avonden lang onaanspreekbaar zal zijn als er nog iets aan het verhaal ontbreekt. Ik weet dat dit geen tijd is om met mensen af te spreken, überhaupt geen tijd om vrienden te hebben of een geliefde of een leven.

Of een kind.

Dit is de zoveelste tunnel, maar de eerste keer dat er buiten die tunnel een eenjarige wacht op fruithapjes en slaapliedjes.

Ik was benieuwd of het me zou lukken dit keer, me verliezen in het proces.

Tot nu toe gaat dat wonderwel. En ik vind het verontrustend. Natuurlijk is er ook nog een vader aan boord en redden mijn twee mannen zich prima zonder mij, maar het is op een vreemde manier beangstigend om me zo ontzettend mijn oude, voormoederlijke zelf te voelen.

Alsof ik het lot tart.

Vanochtend heb ik voor het eerst sinds zijn geboorte urenlang geen seconde aan mijn zoon gedacht. Pas tijdens de lunch herinnerde ik me dat thuis de melk op is en mijn schoonmoeder dat misschien wel niet weet en ik ook geen eten heb klaargezet en ik niet eens weet of er nog genoeg luiers zijn. Maar voordat ik eraan toekwam om te bellen gingen we alweer verder en vergat ik alles weer en nu is het vier uur en voel ik me schuldig en vraag ik me af of er een manier is om mijn zoon mee te nemen die tunnel in, ons samen te verliezen, maar het antwoord weet ik eigenlijk al.

Mannenproblemen

We zijn weer in mijn favoriete ziekenhuis. De wachtkamer van de afdeling urologie dit keer. Niet voor mezelf, maar voor onze zoon. Een niet-ingedaalde bal moet operatief worden vastgezet. Ter voorbereiding moet de uroloog bepalen waar die bal nu zit. Het is niets om je zorgen over te maken, heeft hij ons verzekerd, het is een veelvoorkomend probleem bij jongetjes.

Soms is het vreemd de moeder van een jongen te zijn. Of beter gezegd: de moeder te zijn van iemand met een ander geslacht. De eerste maanden was ik tijdens het verschonen steeds weer verbaasd over dat witte piemeltje tussen zijn benen. Ik had de neiging er iets overheen te leggen, het extra te beschermen omdat het me intuïtief verkeerd leek dat zoiets belangrijks zo kwetsbaar buiten het lichaam hangt. Ik durfde het niet goed schoon te maken, bang dat ik iets zou beschadigen. Ik had nog nooit gehoord van een niet-ingedaalde bal en ik kan me nog steeds maar moeilijk voorstellen dat de helft van zijn mannelijkheid nu tussen zijn kleine jongensliezen zweeft.

Dit is de eerste keer dat ik in een wachtkamer zit die gevuld is met uitsluitend mannen. Er liggen folders over prostaatklachten, plasklachten, erectieproblemen. De flyer van een mannenkliniek die oplossingen biedt voor mannenproblemen.

De wachtende mannen leken opgelucht toen wij binnenkwamen, misschien omdat de aanwezigheid van onze zoon bewijst dat mannenproblemen van alle leeftijden zijn.

Dat het niet alleen aan de aftakeling ligt.

De gebruikelijke stilte van de wachtkamer klinkt hier stiller dan in de wachtkamers die ik gewend ben. Zwijgen mannen anders dan vrouwen?

Er komt een karretje langs, een blonde vrijwilligster met gekortwiekt haar biedt koffie, thee en water aan. Iedereen neemt koffie, zwart, mompelt 'bedankt' en gaat door met zwijgen.

In het onverbiddelijke tl-licht zien de mannen er breekbaar uit. Een droevig ras, geteisterd door defecte plasbuizen en prostaatpijn. Problemen waar ik in mijn hele leven geen seconde bij heb stilgestaan. Het maakt niet uit hoeveel sekseneutraal speelgoed ik koop, in sommige dingen is mijn zoon onherroepelijk een man, nu al. In sommige opzichten zal ik hem bij voorbaat nooit kunnen begrijpen.

De mannen hier weten dat. Ze lachen hem bemoedigend toe, ze lijven hem in en mijn zoon lijkt zich bij deze zwijgende clan op zijn gemak te voelen.

Na een halfuur roept de uroloog ons eindelijk naar de behandelkamer.

Iemand zwaait. Iemand knipoogt. Iemand mompelt: Zet hem op, jongen.

De man alleen

Het was een seconde, misschien zelfs maar een halve, een gedachteflits.

Is dit wel veilig?

Het was kwart over zeven 's ochtends, en onze zoon was bij hoge uitzondering de eerste op de crèche.

Normaal gesproken laat ik hem achter in een lawaaierige ruimte vol kinderen en leidsters. Nu was alleen de man van de directrice aanwezig. Tenminste, hij was degene die onze zoon aannam en de enige die ik zag.

Hij is er vaker, hij helpt mee, doet klusjes, leest de kinderen voor. Het is een fijne, lieve man. En toch flitste het door mijn hoofd. Een man alleen met een kind op een verlaten kinderdagverblijf, is dat wel veilig?

Omdat ik me schaamde voor mijn gedachte vertrok ik sneller dan normaal, alsof ik daarmee wilde bewijzen dat ik nooit zoiets zou denken. Maar ik dacht het.

En toen ik vanaf de donkere bushalte aan de overkant van de straat keek naar het verlichte raam van het kinderdagverblijf en zag hoe de man mijn zoon in een stoeltje zette, dacht ik het weer.

Hoe ben ik met deze afschuwelijke argwaan geïnfecteerd geraakt?

Is dit een neveneffect van het moederschap? De tijdgeest?

Een rondvraag langs vrienden en vriendinnen stelt niet bepaald gerust.

Ze begrijpen mijn gedachte, zij zouden het ook denken.

Een van hen vroeg zich zelfs af of ik het niet moest aankaarten bij de crèche, die man alleen. Help.

Vorige maand zag ik de documentaire *Onze Kresj*, over het opvoedexperiment van een groep idealistische ouders in de jaren zeventig. Met een mengeling van schaamte en trots blikken ze terug. We dachten dat we aan de vooravond van grote veranderingen stonden, zegt een van de vaders. Dus moesten hun kinderen nieuwe mensen worden. Het ging om maximale zelfontplooiing op alle gebieden.

Op archiefbeelden zie je poedelnaakte ouders en kinderen elkaar beschilderen. Nu zou ik nooit, nooit, nooit naakt willen vingerverven met andere ouders op de crèche, maar toch werd ik bij die scène overvallen door weemoed. Dat er geen blote ouders meer zijn is tot daaraan toe, maar waar zijn de blote kinderen gebleven? Niet in de crèche, niet in het park in de zomer, zelfs niet op het strand. Onschuldig naakt is uit ons leven verdwenen en ik zou willen dat ik anderen de schuld kon geven. Maar ook ik heb me laten infecteren, ben een benauwd wezen geworden dat vanaf een donkere bushalte loert naar de man en het kind in dat grote, lichte dagverblijf.

Lekker weg in eigen huis

Sinds vorige week slaap ik op de bank. Niet elke nacht, maar wel regelmatig.

Nog twee weken en dan is het première en de voorstelling heeft nog altijd geen begin en het einde rammelt en wat daartussenin gebeurt staat ook bepaald niet als een huis. Ik werk elke dag van 8:00 tot 23:00 uur, inclusief de weekenden. Ik slaap licht, droom over weglopend publiek en vloeren die onder mijn voeten oplossen. Ik ben zo wit als een A4'tje en de laatste keer dat ik in de spiegel keek dacht ik een kort moment dat ik mijn moeder zag. En dan bedoel ik niet mijn moeder vroeger, maar mijn moeder nu, waar ik verder niks onaardigs mee wil zeggen want mijn moeder is bepaald niet onknap maar wel vijfenzestig en het is dus niet de bedoeling dat ik nu al – enfin.

Zoon is ondertussen in een zoveelste fase beland en wil 's nachts niet meer in zijn eigen bed. Tegen ons aangeplakt slaapt hij lang en diep, maar ik niet. Te weinig ruimte, te veel adem, te veel schoppende, draaiende benen in ons smalle bed en te veel aan mijn hoofd.

Vorige week pakte ik mijn kussen op en liep ik in het donker de trap af.

Onze bank is niet gemaakt om op te slapen, de dunne gordijnen beneden houden het licht van de straatlantaarns niet tegen. Het voelt alsof ik ongepland ergens de nacht doorbreng omdat ik de laatste trein naar huis miste of te veel dronk om nog te rijden. Een tijdelijke gast, een logee in mijn eigen leven.

Het bevalt me beter dan ik had gedacht. Als ik 's ochtends opsta is het boven nog stil en word ik overvallen door een oud geluksgevoel. Ik ben alleen. De dag is van mij.

Ik had dit eerder moeten doen. Een tijdje naar de bank, het huis en zijn kamers opnieuw definiëren. Het geeft me de prettige sensatie dat niet alles vastligt, dat je binnen de soms zo benauwende structuur van een kind en werk nog altijd een nieuwe eigen plek kunt vinden. Dat die plek een harde bank in een te lichte woonkamer is doet daar weinig aan af, afstand is afstand. En ook al zit er maar één trap tussen, 's nachts voelt de lichte zitkamer mijlenver van de warme, donkere slaapkamer boven. Weg in eigen huis.

Voordat ik in slaap val stel ik me de slapende mannen boven voor, het zachte gesnurk, het sprietige haar van mijn zoon naast het kussen. Al die warme benen en armen. En hoe langer ik op de bank slaap, hoe leuker ik het vind, daarboven, waar ik niet ben.

Nooit meer alleen

'Wat betekent het om alleen te zijn?' is de vraag van de avond, met een socioloog en twee kunstenaars. Op de fiets ernaartoe vraag ik me af of je nog werkelijk alleen kunt zijn als je een kind hebt, maar voor die gedachte zich verder kan ontvouwen appt de oppas (de tiener) dat zoon uit bed wil en de rest van de fietstocht voer ik een onhandig chatgesprek over melk en thee en waar de billendoekjes liggen.

De avond is al begonnen als ik binnenkom. Een van de kunstenaars vertelt hoe hij probeerde zijn eenzaamheid te overwinnen door zich te ontfermen over een made.

Die made staat ergens symbool voor, dat begrijp ik heus wel, ik begrijp alleen even niet voor wat. Er worden foto's van het onooglijke diertje op een scherm geprojecteerd. Het diertje doet me denken aan mijn zoon, zoals tegenwoordig alles wat klein en zacht is me doet denken aan mijn zoon.

De oppas appt dat de billendoekjes op zijn.

De made overleed, zegt de kunstenaar, stil en wit in een glazen potje.

Ik moet een paar keer slikken voor de brok in mijn keel verdwijnt.

Mijn telefoon trilt weer in mijn broekzak. Of mijn zoon *Frozen* mag kijken op de bank.

De tweede kunstenaar vertelt over het klooster waarin hij zich terugtrok.

De oppas appt een foto van mijn zoon, lachend naast de laptop op de bank.

Ik probeer me te focussen op het kloosterverhaal. Het belang van alleen-zijn, hoe je zintuigen gaan openstaan als je niet elke dag aan het communiceren bent.

Weer een app. De oppas heeft haar knie gestoten, ze kan onze peuter niet meer naar bed tillen.

Dan laat je hem maar even op de bank, app ik terug. Of eigenlijk app ik: 'Dsn lat je m ff op bank, ok?', want ik kan niet multitasken. (Welke gek heeft ooit die theorie ontwikkeld dat vrouwen kunnen multitasken? Niemand kan multitasken, maar dat is een ander verhaal.) Ik probeer me te focussen op dat klooster, op iets met een haag en stilte. Nu haalt een van de kunstenaars het beroemde citaat van Orson Welles aan. 'We are born alone, we live alone, we die alone.' Een vrouw steekt haar vinger op.

Mijn kind werd niet alleen geboren, zegt ze. Ik was er, mijn man, de vroedvrouw. Geen gebeurtenis in het leven is zo gezamenlijk, zo niet-alleen, als de geboorte.

Ik wil dat de vrouw verder praat, maar de kunstenaars nemen het gesprek weer over. En mijn telefoon trilt weer in mijn zak.

Gekko

Ik sprak een man met een derde kind op komst. Het was laat; ik had mijn voorstelling gespeeld, iets gezegd in een nachtprogramma op de radio. Ik hing scheef op de barkruk. Weken van weinig slaap en te veel werk lagen in mij opgestapeld; een dikke, zware vermoeidheid.

Hij kon zich niet voorstellen, zei de man, dat mensen met maar één kind het er zo druk mee hebben. Bij twee, zei hij, dan begint het pas echt.

Ik dacht aan mijn eerste halve marathon. Hoe trots ik na die 21 dodelijke kilometers in het café stond, totdat ik werd aangesproken door een man die een hele had gerend. Hij had twee bloedvlekken op zijn T-shirt, waar de stof zijn tepels kapotschuurde, hij liep mank.

Bij dertig kilometer, zei hij, werd het pas écht zwaar.

Het is een conversatie die ik vaker voer met ouders van meerdere kinderen en die kan worden samengevat in een heel korte zin. Eén kind is géén kind.

Pas bij twee is het voor het echie.

Hun zuchten en steunen triggert in mijn reptielenbrein een combinatie van competitie- en overlevingsdrang. Diep in mijn grijze massa slaat een prehistorische gekko haar klikkende gil: *'Zie je wel! Spreid je kansen! Straks zijn zij met meer!'*

Als mensen om mij heen praten over een tweede, zeggen ze dat het leuk is voor de eerste, dat ze van baby's houden of de bevalling zo magisch vonden dat ze dat nog een keer mee willen maken. Het gaat over gezelligheid en een onvermijdelijke volgende fase. Het gaat nooit over die gekko.

Maar ik hoor haar. Vooral in de lente. Vooral met deadlines voor de boeg en een overvolle agenda. Een verlangen naar zo'n fijn *Sound-of-Music*-rijtje, van groot naar klein met gekamde haren. In elke kamer een stapelbed vol lijfjes en de zekerheid dat er hoe dan ook iemand overblijft om je rolstoel te duwen.

Het is een conflict, tussen mij en mijn gekko. Twee soorten ambitie die tot op zekere hoogte te combineren zijn en vanaf die zekere hoogte niet.

Do a deer ga ik sowieso niet meer redden. Tenzij ik vanaf nu tot mijn eenenveertigste elk jaar een kleine Von Trapp werp. Maar iets van een canon zit er misschien nog wel in.

Mijn vriend, wat minder reptiel, vindt het voorlopig wel best zo. En mijn moderne zelf is het met hem eens. Voorlopig.

Niks bijzonders

Wat had ik dan verwacht? Ik weet het niet. In ieder geval niet dat tien minuten zo verbijsterend snel voorbij zouden gaan. Het was mijn eerste oudergesprek ooit.

De leidster werkte zich punt voor punt door een stapeltje papieren heen. Zoon houdt van eten. Hij slaapt normaal. Hij pakt weleens speelgoed af, en soms geeft hij het terug. Hij brabbelt, maar niks verstaanbaars. Als je terugbrabbelt lacht hij. Hij is soms bang voor de grote kinderen, maar niet banger dan de andere kleintjes. Hij probeert weleens mee te zingen met de liedjes, maar dat lukt nog niet.

Soms aait hij een baby.

Ik ging met gemengde gevoelens naar de crèche vanmorgen. Benieuwd en beducht. Ik kom er weinig de laatste tijd, meestal is het mijn vriend die hem wegbrengt en ophaalt en ik zie onze zoon regelmatig de deur uitgaan met maar één schoen of een gezicht vol Brinta-resten. De boeteling die zich na de geboorte in mijn hoofd nestelde zette zich dus schrap voor een berisping.

Maar ik hoopte ook op iets van inzicht. Een nieuwe blik op mijn zoon van de mensen die al zeven maanden twee dagen per week met hem doorbrengen. Een talent dat ik nog niet ontdekt heb, een bijzondere eigenschap die hem met kop en schouders boven zijn collega-peuters doet uitsteken.

Maar onze zoon steekt nergens bovenuit. Integendeel, hij is laat met lopen, beweegt zich nog altijd op handen en voeten van A naar B. En ook zijn fijne motoriek laat nog wat te wensen over. Bij dit punt aangekomen kijkt de leidster me vragend aan.

Een flits van een seconde overweeg ik te liegen dat hij thuis wél stappen zet, maar het zou de dingen nodeloos ingewikkeld maken. Hij is een beetje langzaam, antwoord ik dus maar. De leidster knikt instemmend en zegt dat ze het zullen blijven proberen met hem. Dan wil ze weten of ik nog vragen heb.

Natuurlijk heb ik die. Wel duizend. Is hij gelukkig? Houdt hij van het leven? Waarom lijkt het soms alsof hij altijd maar aarzelt om ruimte in te nemen? Alsof hij er op de een of andere manier nog niet helemaal is? Met wie hebben we hier eigenlijk te maken? Zie ik hem wel echt? Ziet hij mij?

Ik vraag welke liedjes ze zingen op de crèche. De leidster zegt dat ze een lijstje zal mailen. Bij de deur vat ze opgewekt het gesprek nog even samen: eigenlijk dus niks bijzonders. Ik knik, forceer een glimlach. Gelukkig maar.

Koorts koesteren

De klieren in mijn keel zijn opgezwollen, ik voel twee harde pingpongballen onder mijn kaak. Ik kan nauwelijks slikken, mijn hoofd gloeit. Trillend en schor speel ik 's middags nog een matineevoorstelling, daarna moet ik plat. Vier hele dagen lig ik met keelontsteking in bed. Ik lees, ik luister naar de geluiden beneden, mijn vriend, mijn zoon. Voor het eerst in jaren verveel ik me. Ik denk aan vroeger, toen ziek zijn vooral een fijne onderbreking was van de dagelijkse gang van zaken. Geen school en extra aandacht. Regelmatig probeerde ik mijn ouders ervan te overtuigen dat het mis was met mij. Ik verzamelde voedselresten en prakte die met water en speeksel tot een mengsel dat voor braaksel moest doorgaan, ik wreef over mijn voorhoofd tot het warm en gloeiend was (ze trapten er niet in, dat mijn vader kinderarts was, hielp niet). Toen ik na een val van een skippybal op het schoolplein mijn arm brak, huilde ik niet zozeer van de pijn, die nogal meeviel, maar vooral van blijdschap. Zes weken lang zou de wereld om mijn gegipste arm draaien. Dat het zomer was maakte het alleen maar beter, want tragischer. Ik lééfde die breuk, ik wérd mijn gips. Het was een geweldige, eenarmige zomer.

Tot ver in mijn puberteit werden de lasten van het ziek zijn ruimschoots gedrukt door de lusten. Daarna werd het een vervelend oponthoud. Iets waar ik nooit tijd voor had en wat zo snel mogelijk verholpen moest worden. Met de komst van mijn zoon is nu die oude manier van ziek zijn terug in mijn leven. Hij levert zich vol overgave uit aan de virussen die hem vellen. Koorts betekent: extra aandacht, extra limonade, extra afleveringen van Bumba de geschifte clown. Zijn agenda wordt bepaald door wat zich aandient en hoewel ik nooit meer een sprakeloze dreumes wil zijn, ben ik soms jaloers. (Voor de duidelijkheid, ik heb het niet over de grote, afschuwelijke ziekten waaraan niemand zich wil overleveren. Ik heb het over griep en koorts. Klein huis-tuin-en-keukenleed.) Als de huisarts zegt dat ik een paar dagen geen voorstelling kan spelen, voel ik behalve lichte paniek ook opluchting, ja, zelfs euforie. Ik besluit een voorbeeld te nemen aan mijn zoon, aan mijn vroegere zelf. Mijn moeder komt langs en schilt een appel. Mijn vriend brengt thee. Ik lig, ik lees, ik luister. Ik koester mijn koorts.

Brussel

Het is dinsdagmiddag en mijn zoon en ik zitten in een café. De dag begon met tien doden in Brussel en een bezoek van de jonge Syrische slaboer die wekelijks bij ons langskomt voor conversatieles. Ik liet hem de liveblog over Brussel zien, hij liet mij foto's zien van een verse bomkrater naast het huis van zijn ouders in Zuid-Syrië.

De slaboer vertrok, het dodental in Brussel steeg, de muren kwamen op me af.

Ik zette mijn zoon in zijn wagen en liep naar een café vlakbij, waar hij zich enthousiast op de gigantische collectie kleurpotloden stortte terwijl ik probeerde met koffie de knoop in mijn maag weg te spoelen.

De sfeer in het café is anders dan normaal. Zachter, opener. Alsof dit plukje verdwaalde zielen aan houten tafeltjes tegenwicht wil bieden aan het geweld van de wereld. Mensen glimlachen vriendelijk, spreken elkaar aan. Mijn laptop staat opengeklapt voor me, ik lees het liveblog.

Er komt een vrouw naast ons zitten. Ze slaat de krant

open, leest en schudt bij een van de berichten vol afschuw haar hoofd. Onvoorstelbaar, zegt ze, het gebrek aan tijd en aandacht voor getraumatiseerde vluchtelingenkinderen. Ze vertelt over een vriendin van haar, psycholoog, die overuren draait in een poging al die gestrande jongetjes en meisjes op de been te krijgen. Ze vertelt over twee Syrische kinderen die urenlang in zee tussen de lijken dreven en niet in aanmerking komen voor psychische hulp. Ze vertrekt. Mijn zoon sorteert de potloden; lang bij lang, kort bij kort. Het Brusselse dodental is opgelopen tot twintig. Er komt een jongen naast ons zitten. Hij is hier om een boek te lezen, of eigenlijk om de tijd te doden. Het is sinds dit weekend uit met zijn vriendin. We praten over relaties en kinderen. Hij wil ze niet. Ik bedoel het niet onaardig, zegt hij met een verontschuldigende blik op mijn zoon, die geobsedeerd in de weer is met de kleurpotloden, maar ik denk dat de meeste mensen het leven overwegend moeilijk vinden en dat je een kind geen plezier doet door het op de wereld te zetten.

Er komt een foto vrij van drie aanslagplegers. Jonge jongens, vast geen vaders. Zou het iets uitmaken? De jongen vertrekt. Een oude man komt binnen. Hij was net op Centraal, het staat er vol politie. Als mijn zoon naar hem lacht, kijkt hij me ernstig aan. Ik hou mijn hart vast voor dat mannetje, zegt hij, want het worden zware tijden.

Ik sla mijn koffie achterover, de knoop zit nog in mijn maag. Mijn zoon kauwt tevreden op een gele punt.

Over opa's en oma's

Dit wordt een saai verhaal. Niets dan lof en liefde. Het gaat over grootouders. De mensen die mijn zoon verschonen, te eten geven, aan het lachen maken en troosten terwijl ik dit zit te typen. Die voor hem zorgen als wij geveld door het virus van de maand in bed liggen. Die onze zoon ophalen en wegbrengen, meenemen naar de kapper en de schoenenwinkel en dagenlang de hele riedel spelletjes met hem spelen waar hij zo van houdt. Ik ben er nog steeds verbaasd over; hoe onmisbaar onze ouders zijn geworden sinds we zelf ouder zijn geworden.

Ik kan me niet herinneren dat mijn grootouders op eenzelfde manier betrokken waren bij de opvoeding. We bezochten hen regelmatig, we hielden van ze, maar er was een afstand die er nu niet is. Om mij heen zie ik een nieuwe generatie opa's en oma's die parttime meedraaien met het gezinsleven van hun kinderen.

Er is vaak over geschreven, en er zijn veel redenen gegeven voor die toegenomen participatie. De generatiekloof is minder groot dan hij dertig jaar geleden was. De opvang is onbetaalbaar geworden, grootouders zijn jeugdiger en langer gezond en jonge ouders ambitieuzer en verwender, sneller geneigd de zorg door te schuiven naar de ouders op wie ze gewend zijn terug te vallen.

Vorige week sprak ik een opa op de rand van een burn-out. Sinds zijn pensioen rende hij twee dagen in de week achter een groepje peuters aan. In zijn auto stonden drie Maxi-Cosi's, twee achter, een voor. Zwaarder dan een werkweek, steunde hij. Maar hij piekerde er niet over een stap terug te doen. Ik dacht aan alle kritiek op de babyboomers en alle opa's en oma's die ik in onze kinderrijke buurt met vastberaden blikken achter de Bugaboo's zie stappen en dat ik nog nooit ergens gelezen heb dat die toegenomen participatie misschien ook wel te maken heeft met de toewijding en energie van de mensen die zo vaak als profiteurs worden weggezet.

De voormalige Kabouters hebben ons misschien geen wereld vol onbespoten groente nagelaten en de verbeelding kwam niet aan de macht. Maar ze duwen onze kinderwagens en leren onze baby's en passant dat een mens is ingebed in grotere verbanden dan alleen het kerngezin. En ik zou bijna vergeten hoeveel geld ze ons besparen. In ons geval vijfhonderdtwintig euro per maand. En dat al meer dan een jaar, reken maar uit. Dank dus, heel veel.

Nee, nee, nee

Mijn zoon wil niet meer gezoend worden. Tenminste, niet de hele tijd. Steeds vaker duwt hij me weg, zijn favoriete nieuwe woord herhalend: nee, nee, nee!

Ik probeer zijn verlangen naar persoonlijke ruimte te respecteren maar het gaat me moeilijk af. Hij is zo zacht, hij ruikt zo goed, en als hij niet tegenstribbelt past hij zo perfect in mijn armen.

Terwijl ik de zoveelste omhelzing forceer, herinner ik me mijn eigen afkeer van moeders die ik vroeger op het schoolplein hun kinderen vol op de mond zag zoenen. Rillingen kreeg ik ervan, die ouders en hun droge lippen waarmee ze hun territorium leken af te bakenen.

Ik ben geloof ik niet zo fysiek. Ik hou van een stevige hand, een schouderklop en wat gepaste afstand. Als ik iemand omhels, is dat meestal op initiatief van die ander.

Je hebt mensen die met de grootste vanzelfsprekendheid een kruimel van je gezicht vegen, bij mij gaat zoiets altijd houteriger dan ik zou willen. Het zit er gewoon niet in.

Behalve bij mijn zoon. Daar zou ik het liefst de hele dag op kauwen.

Maar dat mag dus niet meer en in plaats van hem de ruimte te geven, zoek ik voortdurend sluiproutes naar zijn kleine warme lijf. Ik lok hem met eten, knuffels, kleurpotloden. Ik zet afleveringen van Bumba aan en trek hem stiekem op schoot als hij gehypnotiseerd naar een dansende granaatappel kijkt. Soms hoop ik dat hij weer eens ziek word, niet ernstig maar een beetje koorts, precies genoeg om de hele dag als een slap washandje tegen mij aan te willen liggen.

Vanmorgen lag hij naast me te slapen. Zijn ronde hoofd een perfect planeetje op het kussen, zijn lippen volmaakt roze. Voorzichtig zoende ik hem op zijn mond. En nog een keer. Hij draaide zich knorrend om in zijn slaap. Ik draaide hem zachtjes terug. Arme baby. Zoende hem weer. Met een slaperige hand duwde hij de indringer van zich af, een zorgelijke trek om zijn mond. Ik wist zeker dat hij droomde van een spook met droge lippen. Ik laat je met rust, zei ik, echt, straks. Ik legde mijn neus in zijn sprietige kapsel, zoende zijn oor. Ik stopte met zoenen. Ik zoende hem weer. Ik dacht aan wat de Franse schrijfster Marie Darrieussecq schreef over haar baby. Over de geur van meel en melk en zoetebroodjeslucht. Over het hellend vlak van knuffelen naar smachtend verlangen.

Vraatzucht

Vanaf het moment dat mijn zoon geboren werd lag de focus op voeding, zo veel mogelijk voeding. Hij was te vroeg en met zijn lange, smalle ledematen zag hij er scharminkelig uit. Hij moet drinken, herhaalden de verpleegkundigen steeds weer, véél drinken.

Het ging moeizaam die eerste dagen. We probeerden het op alle mogelijke manieren.

Er was een zuster die hem uitkleedde omdat hij niet zou drinken vanwege de warmte. Er was een zuster die hem aankleedde omdat hij niet dronk vanwege de kou. Een zuster kietelde zijn voeten, een zuster prikte in zijn zij, een zuster wrikte met een pink zijn lippen open, zoals je dat doet bij een paard dat een bit in moet, een zuster zette hem verticaal voor de borst, een zuster legde hem horizontaal in mijn arm, waar hij bleef liggen als een stijve rugbybal.

Ergens tijdens die eerste stressvolle dagen is bij mij de angst voor ondervoeding geïnstalleerd. De angst dat hij in plaats van te groeien zou krimpen en verdwijnen.

Sindsdien moedig ik hem aan tijdens het eten. Wat er ook in zijn mond verdwijnt, hij kan rekenen op juichend applaus. Een applaus waarmee ik vooral mijn eigen ongerustheid wegklap (het groeit, het leeft!). Dat mijn zoon al snel goed at heeft weinig uitgemaakt. Misschien omdat hij maar moeilijk aankomt en naast zijn cherubijnachtige leeftijdsgenoten, golvend van het vet, nog altijd schriel afsteekt. Of misschien omdat sommige angsten, eenmaal diep in het brein geïnstalleerd, nooit meer helemaal verdwijnen.

Inmiddels eet hij meer dan ik. Overal waar we komen gaat hij op zoek naar een fruitschaal, suikerpot of koektrommel. En ja, misschien is hij van nature gewoon een grote eter, maar ik krijg de gedachte niet uit mijn hoofd dat mijn angst hem geprimed heeft. Dat hij zijn leven lang zal eten alsof de wereld vergaat vanuit een onbewust verlangen zijn moeder gerust te stellen. Het helpt niet dat hij de dictatorachtige trekjes van een peuter begint te ontwikkelen en sinds kort woedend naar een leeg kaasplankje in de supermarkt wijst omdat hij gewend is daar bij elk bezoek drie blokjes jong belegen weg te snaaien. Vorige week trok hij bij het fruitschap een plastic emmer bosbessen open. Zo'n tweehonderd paarsblauwe vruchtjes stuiterden over de tegels, mijn zoon ging er op handen en voeten achteraan. Een hongerige jager-verzamelaar op de fruitafdeling van de Jumbo. En een moeder die zich realiseerde dat er een nieuwe fase is aangebroken. Die van de grenzen.

Breed

Onlangs sprak een man zijn verbazing uit over deze column. Waarom over moederschap schrijven als je zoveel meer doet dan moederen, vroeg hij zich af. Ik had geen antwoord klaar.

Het is iets wat ik vaker hoor. Mensen die dit onderwerp te klein vinden, het niet vinden passen bij de breedte van mijn werk. Reacties die ik waarschijnlijk niet zou krijgen als ik over poëzie schreef, of over politiek.

Zoals dat gaat als je met je mond vol tanden staat, was ik uren na die bewuste vraag nog altijd bezig antwoorden te formuleren. In eerste instantie waren dat defensieve reacties: 'Deze column is tijdelijk!', en: 'Het was het idee van de redactie, niet van mij!' Daarna bedacht ik dat ik de vraag ook had kunnen omdraaien: 'Waarom over meer schrijven dan het moederschap?' Maar dat was hem ook niet.

Ik dacht aan een essay dat mij laatst door een collega werd aangeraden, waarin Pamela Erens uiteenzet hoe er in de literaire wereld gereageerd werd op de novelle waarin ze haar bevalling beschrijft. Een uitgever die haar eerdere werk positief had ontvangen zag er geen brood in. De marketingafdeling had geen idee hoe zo'n boek gepitcht zou moeten worden, zei hij, omdat de beschreven ervaring zo 'specifiek' was. 'Zo specifiek?', schreef Eren, 'je bedoelt een ervaring die gedeeld wordt door miljarden vrouwen?'

Ik had tegen de man kunnen zeggen dat de meeste moeders tegenwoordig, net als ik, meer doen dan moederen en dat die krampachtige scheiding tussen 'meer' en 'moederen' me benauwd.

Wat er over moederschap geschreven wordt is, op wat uitzonderingen na, onder te verdelen in twee categorieën: zelfhulpboeken (*Be that mom!*) of zelfspotboeken (*Krijg nou tieten!*). Alsof je alleen over moederschap kunt schrijven als grap of als probleem en het niet verweven is met elke vezel van je leven. Alsof het moederschap losstaat van de rest van de maatschappij, van politiek, ambitie, liefde. Het is geen benauwde bubbel, had ik tegen de man willen zeggen, en als dat het is dan komt het omdat wij dat ervan maken, omdat we zo ons best doen buitenshuis vooral niet voor moeder te worden aangezien, de babykamerverhalen achter gesloten deuren houden. En zoveel meer nog had ik te zeggen over de breedte van het onderwerp en de veel te krappe mal, over groei en dood en angst en hoe de alledaagse dingen van grote invloed zijn –

het hele universum kwam eraan te pas, maar toen ik zijn vraag beantwoord had was de man allang vertrokken.

Marathon

In Boedapest wordt de marathon gerend. Langs de route staan rijen tafels met glinsterende bekertjes water. Vanaf de bruggen wordt bemoedigend geschreeuwd naar de zwetende kudde die dendert over de kade. Ze zien er niet benijdenswaardig uit, de knalrode deelnemers met hun verbeten gezichten. En toch ben ik jaloers. Vroeger nam ik overal waar ik naartoe ging mijn hardloopschoenen mee. Ik rende door Parijs, Durban, zelfs door het zwaar vervuilde Mumbai, tot groot vermaak van een paar duizend Indiërs. Pas als ik ergens hardliep, had ik het gevoel dat ik er echt was. Misschien omdat tijdens het rennen zoveel ruis verdwijnt, vaak alleen nog de weg overblijft en je voeten die de weg veroveren en de wereld langs die weg. Het is lang geleden dat ik een noemenswaardige afstand rende en ik mis het – het zorgeloze van op pad zijn met niks dan de kleren die je aanhebt.

Wij zijn zwaarbeladen vandaag. Tassen, eten, luiers, een buggy met piepende wielen en een net vol plastic dieren. Een oma, een moeder en een baby in een trage ronde van Boeda naar Pest en terug. Het is nog vroeg en de mensen die al wakker zijn, staan te juichen op de brug, we hebben de stad dus grotendeels voor onszelf.

De zon schijnt op het gigantische parlementsgebouw aan de Donau. Mijn moeder wijst mijn zoon op de soldaten die met glimmende laarzen over het plein paraderen. Mijn zoon wijst ons op een kleine hond met vieze krullen en op andere dingen die wij over het hoofd zien: een platgereden doosje aardbeien, een tas vol onbestemde plastic voorwerpen.

Twee keer scheurt een ambulance met gillende sirenes richting de looproute; een hartaanval misschien, of een ernstige blessure. Het zal ons in dit slakkentempo niet overkomen. Wij schuifelen langs pleinen en kerken terwijl mijn zoon contact legt met de lokale hondenpopulatie. Pas nu ik met hem op reis ben, valt het me op hoeveel honden er eigenlijk wonen in zo'n stad. Vriendelijke labradors, venijnige keffers, slanke dalmatiërs; allemaal kunnen ze rekenen op de volle aandacht van mijn kind. Ook de duiven trouwens. En de poezen. En alle blaadjes, zakjes en papiertjes die de wind door de stad jaagt.

Terug bij de kade is mijn zoon het zitten zat, hij wil de kar uit. Tussen ons in, zijn handen losjes in de onze, schuifelt hij langs de grote grijze rivier.

De buren

Bij de housewarming van de buren bleek hun slaapkamer pal naast die van onze zoon te liggen. Net nu laatstgenoemde is begonnen met een nieuw nachtelijk ritueel. Ergens tussen één en drie wordt hij brullend wakker en huilt dan gemiddeld een uur. Soms korter, maar soms ook langer. En het is niet het tamme baby-blaten van de eerste maanden, dit is huilen met een grote UI, huilen zoals alleen peuters dat kunnen. Het is niet makkelijk om hem stil te krijgen. Er moet geaaid, gesust, gedronken worden, nog wat nagesnikt, en als we hem per ongeluk te vroeg weer toerekeningsvatbaar achten en voorzichtig onder de deken leggen, kan het zomaar gebeuren dat het hele circus van voor af aan begint.

Wij houden ons met wisselend succes staande. Soms verdelen we als echte professionals kalm en opgewekt de taken, soms sissen we elkaar bevelen toe. Soms is dat sissen een heel luid soort sissen. En anderhalve meter verder slapen dus de buren. Nou ja, dat hoop je dan. Het is een jong stel zonder kinderen, doorgaans niet de meest tolerante groep als het om schreeuwende peuters gaat. Hun bed zo dicht bij dat van onze zoon is een extra stressfactor hier in huis. Ik suste mezelf de laatste tijd met de onwaarschijnlijke gedachte dat er in die twintig centimeter muur misschien een bijzonder soort isolatie zat. Of dat de buren heel vaste slapers zijn.

Maar vanmorgen kwam er een briefje. Voor David en Marjolijn. Afzender: nummer 95. Ze horen alles.

Wat zou u doen als u in uw gloednieuwe slaapkamer wekenlang elke nacht uit bed werd geschreeuwd? Ik denk dat ik misschien zou vragen om eierdozen tegen de muur, of om het verplaatsen van de baby. Ik denk niet dat ik zou schrijven wat mijn Engelstalige buurman ons schreef. Dat ze met ons te doen hebben daar aan de andere kant van de muur. Dat ze zich niet kunnen voorstellen hoe pittig het moet zijn om met dat voortdurende huilen om te gaan. Dat ze zich nergens mee willen bemoeien maar wel willen laten weten dat ze er zijn en kunnen inspringen als dat nodig is. *'We're quietly supporting you over here.'* Om dat 'quietly' moest ik lachen. En natuurlijk begrijp ik dat ze ons niet alleen maar schrijven voor een hart onder de riem, dat dit ook een manier is om te laten weten dat ze wakker liggen. Maar een chiquere manier kan ik me niet voorstellen en ook geen lievere laatste zin: *'We're with you on it.'*

Mijn kleine conservatief

Het is acht uur 's ochtends en ik zit uitgeslapen aan tafel te wachten tot mijn zoon wakker wordt. De afgelopen weken stonden hier in het teken van een slaaptraining die een ware aardverschuiving teweegbracht. Kort gezegd: we slapen weer en dat heeft nogal wat consequenties voor de kwaliteit van leven.

We volgden de kiekeboe-methode die zo simpel is als hij klinkt. Als mijn zoon huilt, komen we elke vijf minuten even langs om hem gerust te stellen. We halen hem niet meer uit bed, wiegen hem niet en geven hem 's nachts geen flesje meer.

Consequent zijn, dat is zo'n beetje de simpele samenvatting van de methode. Binnen een week sliep onze zoon weer door, soms is een kind opvoeden ineens makkelijker dan je denkt.

Het verbaasde me weer eens hoe goed het bij kleine kinderen werkt: grenzen stellen en je daaraan houden. Hoe komen we toch aan het idee dat onze dwergen vrije geesten zijn, nog onbesmet door de saaie regelmaat van het volwassen leven? Als er één groep mensen op de wereld van saaie regelmatig houdt dan zijn het wel de kinderen.

Hoe regelmatiger zijn dag, hoe beter mijn zoon functioneert.

Het liefst kijkt hij altijd dezelfde aflevering van Bumba, draagt hij altijd dezelfde trui en zingt hij altijd hetzelfde liedje. Er is weinig avontuurlijks aan en als ik de kinderen om me heen bekijk constateer ik dat hij bepaald geen uitzondering is.

Ik kan me trouwens nog goed herinneren hoe aartsconservatief ik zelf was op de basisschool. Hoe ik op zondagochtend rood van plaatsvervangende schaamte naar het VPRO-programma van mevrouw Ten Kate keek die alles anders deed dan het hoorde. Ik vond haar afschuwelijk, die mevrouw die maar geen mevrouw wilde zijn en mijn zondagsrust verstoorde met haar onaangepaste leven. Typisch gedrag voor volwassenen en ik begreep dan ook niet dat mijn ouders ons daarnaar lieten kijken.

Pas ergens rond de puberteit begon langzaam maar zeker het wilde denken, het verkennen van grenzen en de grote nieuwsgierigheid. En zelfs toen kon ik me nog verloren voelen als er te weinig eisen werden gesteld en de vrijheid te groot werd. Het echte verlangen naar avontuur kwam toen ik een jaar of zestien was en het gevoel had dat ik de vrijheid richting kon geven.

Het is even wennen, zo'n kleine conservatief in huis, met conservatieve vriendjes die rust en regelmaat dicteren. Gelukkig nemen ze altijd volwassenen mee.

Ontbijtbuffet

Hij loopt. Het voorzichtige waggelen van twee weken geleden is een dronken, maar kordate pas geworden. In krap een maand zagen we de halve evolutie aan ons voorbijtrekken. Een viervoeter werd tweevoeter en beweegt zich nu verticaal door de wereld.

Binnen zitten is geen optie meer, tenminste niet voor lang. Na zeven rondjes om de tafel en vijf keer de trappen op en af zijn we allebei wel uitgekeken op onze negentig vierkante meters. Meestal staan we rond een uur of halfnegen op de stoep. Soms is dat geen probleem, bijvoorbeeld als de zon schijnt en ik mijn favoriete voetganger vanaf de bank in de voortuin in de gaten kan houden met koffie en een krant. Maar vaak schijnt de zon niet, is de bank nat van de regen en koelt de wind mijn koffie af. Cafés zijn dicht, het is te vroeg om ergens aan te bellen – sinds de wandeldrift mijn zoon in haar greep kreeg weet ik me met grauwe ochtenden geen raad.

Vanmorgen, koud en moe op de stoep, herinnerde ik me een bord dat ik maanden geleden in de supermarkt zag staan. De aankondiging van een ontbijtbuffet achter de pizzacorner. Het riep destijds laatdunkende gedachten bij mij op. Wie ontbijt er in godsnaam in de supermarkt?

Nu wist ik wie: wij.

Tien minuten later staan we in een lange rij voor de croissants. We mogen kiezen tussen aardbeien- en frambozenjam, ham of kaas, koffie of thee, we krijgen er verse jus d'orange bij. Alles bij elkaar: twee euro vijftig. Het café is ruim genoeg om een ochtend rond te rennen, er is een speelhoek, een bar met vieze koffie en er zijn kranten. Mijn zoon vindt bij de taartvitrine een vriendin van zijn leeftijd. Melissa heet ze, haar naam hangt in gouden letters om haar nek. Ze is hier met haar oma, die precies dezelfde ketting draagt, maar dan met Melissa in een groter lettertype. Dit is de ontbijthemel, zegt de oma. Beter dan de HEMA, waar de broodjes altijd hard zijn. Ze komen hier elke dag. Ik lees een krant, ik drink mijn jus en word overvallen door liefde voor mijn supermarkt. Voor de manager die deze ontbijtbeslissing nam. Hoe heb ik dit buffet ooit zó kunnen onderschatten? Wat wist ik weinig van het leven, van hoe lang en koud een ochtend kan zijn.

Mijn zoon heeft een fiets

Mijn zoon heeft een fiets. Een piepkleine driewieler die de buurman voor ons in felle kleuren schilderde; rood met een geel stuur en een groen frame. Hij scheurt ermee door de straat, slaat af in de tuin van de buren, rolt van de stoep op de weg.

Af en toe kijkt hij vragend achterom of hij nog verder mag. Ik knik, ik wil dat hij de wereld leert vertrouwen. Maar ik had nooit verwacht dat zo'n piepklein fietsje bij mij zoveel onrust zou veroorzaken. Eigenlijk is onrust niet het juiste woord. Ik word ronduit emotioneel van die fiets, van mijn zoon op die fiets.

Het is vreemd om hem voor het eerst in zijn leven zo snel van mij weg te zien bewegen. Vreemd om me te realiseren dat hij de hoek om kan zijn voor ik er erg in heb, dat hij zomaar kan verdwijnen op die drie stomme wielen.

Ik denk steeds aan *Wim is weg*, dat gouden boekje waarin Wim de tuin van zijn ouders te klein vindt en op zijn rode driewieler naar het zonnige Spanje vertrekt.

Duizend lampjes zoeken naar Wim. In de stad en op de weg, in het veld en in de bossen. Duizend lampjes zoeken en zoeken. En de maan zoekt mee. De illustrator van *Wim is weg* was Indisch en ik las ooit dat hij het boekje maakte vanuit een verlangen te ontsnappen aan het kille, starre Nederland. Weg van de herfst en de spruitjes, op naar een warm en beter leven. En hoewel ik steeds als mijn zoon omkijkt bemoedigend blijf knikken, kan ik een gevoel van verontwaardiging toch niet helemaal onderdrukken.

Waarom zo ver? Waarom niet gezellig met mij hier in de voortuin? Mijn troost is voorlopig dat hij elke anderhalve meter checkt of ik nog in de buurt ben.

Niet alleen het feit dat hij wegfietst maakt me emotioneel, het is ook, en misschien vooral, hoe klein hij plotseling lijkt. Hij leek zo gegroeid de afgelopen maanden, maar dat was, besef ik nu, ten opzichte van knuffels en de kinderstoel. Hier buiten stelt hij met zijn ene meter nog helemaal niks voor. Hij is veel te klein voor deze wereld en toch crost hij erdoorheen op die felgekleurde speelgoedfiets. Naar Spanje of weet ik veel waar zijn peuterbrein op aanstuurt. Weg van de tuin. Ik weet dat ik hem binnenkort voor het eerst een keer kwijt zal raken. Wim wordt teruggevonden. Maar dat is een kinderboek.

Domme pech

Vorige week zag ik de documentaire *De OK-vrouw*, een portret van actrice Halina Reijn die ongewild kinder- en manloos door het leven gaat. De hoofdvraag, wat het betekent om in onze maatschappij een vrouw zonder gezin te zijn, kwam niet helemaal uit de verf omdat een film over Halina Reijn nu eenmaal vooral gaat over – nou ja, over Halina Reijn. Haar persoonlijkheid staat het thema van de film in de weg. Na een halfuur kijken merkte ik dat de scènes bij de psycholoog me niet zo interesseerden, ik wilde gewoon zien hoe de beroemde actrice haar verjaardag viert.

Los daarvan bekroop me tijdens het kijken het idee dat er een andere, veel interessantere vraag in de film verborgen zit, namelijk hoe een vrouw die ongelooflijk veel mee heeft – roem, talent, vrienden, vrijheid en mogelijkheden – moet omgaan met het teleurstellende feit dat ze klaarblijkelijk niet álles kan krijgen. Dat laatste bedoel ik niet op de moraliserende toon waarop 'je kunt nou eenmaal niet álles krijgen' zo vaak wordt uitgesproken, door mensen die doen alsof er een kosmische rechtvaardigheid bestaat die bepaalt dat als je het ene hebt, het andere je logischerwijs onthouden wordt. Quatsch natuurlijk. Er zijn mensen die carrières als die van Halina combineren met een gezinsleven. Je kunt wél alles krijgen, het probleem is alleen dat je het meestal niet krijgt en vaak heeft dat meer met pech dan met jezelf te maken. Maar voor pech is geen plek in *De OK-vrouw*. Er moet een oorzaak zijn. Halina's moeder, haar zussen, de psycholoog; iedereen doet zijn uiterste best om de onderste steen boven te krijgen. Ligt het aan haar jeugd? Aan haar omgeving? Aan haar grote talent misschien?

Ik keek naar Halina Reijn en zag mezelf en zag de vrienden die al jaren op een liefde of een kind of een carrière wachten. Altijd komt het (of het komt juist niet) door bindings- of verlatingsangst, ouders, faalangst, ADHD. Maar wat als die onderste steen niet meer is dan een domme samenloop van omstandigheden? Een griezelige gedachte, want pech valt niet te controleren.

Ons onvermogen het oncontroleerbare toe te laten, daar had ik een film over willen zien. Het onvermogen waar we allemaal tegenaan lopen in onze overgereguleerde, hypergeplande, verwachtingsvolle levens. Een film over het omgaan met die verwoestende pech die we vroeger bezwoeren met wierook en amuletten. Over de pech die onze ongetrouwde tantes in stijl wegtikten met kleine glaasjes sherry.

Aan boord

Een paar jaar geleden zag ik een reclame die me altijd is bijgebleven. Een vader loopt met zijn peuter in de supermarkt, de peuter gooit snoep in het karretje, de vader vist het er weer uit, waarna de peuter stampvoetend en gillend in protest komt en de supermarkt op stelten zet terwijl de vader machteloos toekijkt. Het is een reclame voor condooms, maar dat is niet het punt, het punt is dat ik dat zag en dacht: zo'n ouder word ik niet. Als mijn peuter stampend en schreeuwend eist wat hij niet kan krijgen dan grijp ik in, dan voed ik op.

Maar vandaag ben ik die vader, niet in de supermarkt maar in het vliegtuig, waar mijn peuter onder geen beding in zijn stoelriem wil. Mijn poging tot sjoemelen (de riem losjes om zijn middel gedrapeerd) wordt direct opgemerkt door een strenge stewardess die vraagt of ik zijn veiligheid soms niet belangrijk vind. Natuurlijk vind ik dat, maar wat ik op dat moment belangrijker vind is dat hij stopt met gillen in een overvol vliegtuig waar de eerste mensen zich al geërgerd beginnen om te draaien.

Ik bedenk me dat ik nooit echt een idee heb gehad van wat dat opvoeden van die doorgedraaide peuter dan precies moest inhouden. Praten? Zingen? Sussen? Tot de orde roepen? Alles wordt door zijn driftbui overstemd. Ik krijg het warm. Ik wil hier weg. In de cabine zie ik twee kampen ontstaan; de rekkelijken en de preciezen, ze draaien zich om, naar ons toe, met verstoorde of bemoedigende blik. Het maakt me niet uit hoe ze kijken, ik wil dat ze zich überhaupt niet omdraaien, ik wil dat mijn zoon stopt met huilen. Maar in plaats daarvan trekt hij de kotszak uit de stoelzak en slaat die woedend in mijn gezicht. Nou, nou, zegt een mevrouw schuin achter ons.

Inderdaad, denk ik. Nou, nou. Opvoeden! Maar hoe? Vluchten? Schreeuwen? Terugslaan met de kotszak?

Ik kan niks beters verzinnen dan mijn zoon te negeren. Wat natuurlijk niet lukt als iemand op je schoot de Derde Wereldoorlog uitvecht. Godzijdank is er ook nog een vader aan boord, die zijn zoon optilt en vriendelijk tegen hem blijft praten terwijl hij razend om zich heen schopt, die zijn rood aangelopen kind gemoedelijk laat zien hoe je de klep van het bagagekastje open en dicht doet en hem wiegt en wacht tot de storm is gaan liggen. Een vader die mij doet inzien dat opvoeden soms gewoon wachten is.

Liefdesverdriet

We zijn weer terug. Bruin, moe (vakantie met een peuter is toch net iets meer bootcamp dan vakantie) en opgelucht vanwege de soepele vliegreis terug met een zoon die drie uur lang tussen ons in lag te snurken.

Normaal gesproken kan ik na een vakantie niet wachten om het dagelijks leven weer op te pakken; verlang ik naar mijn bureau, mijn laptop, mijn printer. Maar dit keer is het anders. Het was op een vreemde manier confronterend om tien dagen lang non-stop met mijn zoon te zijn. Om hem elke seconde van de dag mee te maken, zonder tussenkomst van crèche, oppas of grootouders. Confronterend omdat ik merkte hoe goed het hem deed, en mij, hoe ik nieuwe dingen aan hem opmerkte (woorden, bewegingen, blikken) en niet wist of ze wel zo nieuw waren of dat ik er misschien maandenlang overheen gekeken had.

We sliepen met zijn drieën in één kamer, gingen tegelijkertijd naar bed en stonden tegelijkertijd op; de slaaptraining, het zorgvuldig opgebouwde ritme, onze regels en voornemens consequent te zijn; alles loste langzaam op onder de Portugese zon.

Verbeeldde ik het me of was hij vrolijker dan normaal? Leek het niet alsof hij in een paar dagen tijd centimeters groeide? Terwijl mijn vriend aan het surfen was, zaten mijn zoon en ik als een bejaard stel hand in hand onder de parasol en dacht ik aan alle uren die we het afgelopen jaar niet samen waren. Ik wilde ze terug. Ik wilde de crèche opzeggen, de grootouders vriendelijk bedanken voor het aanbod op te passen en voor altijd naast elkaar zitten op het warme zand.

Natuurlijk waren er vermoeiende momenten – er werden dingen kapotgemaakt en ondergeplast in het appartement waar we logeerden – maar het waren kleine drama's in het licht van ons samenzijn dat plotseling groter voelde dan ooit.

Het was regelrechte vakantieliefde en nu moeten we uit elkaar.

Als mijn vriend onze zoon de ochtend na thuiskomst naar de crèche brengt, heb ik moeite hem los te laten. Gedreven door gemis en schuldgevoel haal ik hem een paar uur later alweer op.

Het was moeilijk zeker, zeg ik als zijn lievelingsleidster de deur voor mij opent.

Maar ze schudt opgewekt haar hoofd. Vaak moeten kinderen even wennen na de vakantie, zegt ze, maar hij zat er meteen lekker in. Mijn zoon zit vrolijk lachend aan tafel een soepstengel te eten. Even vraag ik me af wat ik voel steken in mijn borst, maar dan weet ik het, herken ik het: liefdesverdriet.

De oerknal van een nieuw leven

Er komt een baby bij. Zo heet het boek dat ik mijn zoon deze zomer regelmatig voorlees, want er komt een baby bij en ik probeer hem op de een of andere manier voor te bereiden. Heeft het zin, dit voorlezen? Zijn vocabulaire telt vijfentwintig woorden en van het verhaal lijkt hij alleen te begrijpen wat hij op de illustraties naast de tekst herkent. Boom! Paard! Baby!

Misschien lees ik het vooral om mezelf voor te bereiden. Zoals dat bij een tweede gaat, is de groeiende buik dit keer niet het centrum van het universum. Alles is er al, kleren, flessen, bedje. De mysterieuze hydrofiele doeken die op geen enkele babyuitzetlijst ontbreken liggen ongebruikt klaar in de kast. Mijn lichaam herinnert zich de vorm van zwangerschap, schakelt moeiteloos terug, of juist vooruit, nog maar net over de helft ben ik nu al zo rond als ik de vorige keer in de laatste weken was.

De mama- en babywebsites, die middagdutjes en *me time* aanbevelen, gaan niet over mij. Familie en vrienden reageerden enthousiast op het nieuws, maar niet zo geschokt of ontroerd als de vorige keer. De grote transformatie heeft al plaatsgevonden, dit is niet meer dan een uitbreiding van wat we al zijn.

Het is niet gepland, ook niet ongepland en zeer gewenst, maar de afgelopen weken voelen als een afscheid. Ik heb nu al heimwee naar onze overzichtelijke drie-eenheid, kan me nu al niet meer voorstellen wat ik allemaal zo moeilijk vond aan een enkel kind. Ik weeg de pasgeboren baby's van vriendinnen in mijn armen en probeer in te schatten hoeveel extra gewicht de dagen zullen krijgen. Ze voelen zwaar, maar prettig zwaar, als dikke, warme zomerdagen waaraan je je alleen maar kunt overgeven.

Mijn eerste zwangerschap maakte een opstandigheid in mij los. Ik zou mezelf nooit verliezen in het moederschap, ik zou alles combineren en blijven wie ik was. Die rebel lijkt nu voorgoed gesmoord in drassige hormonen. Hoe dikker ik word, hoe kleiner mijn wereld. Alles wat ik belangrijk vind, bevindt zich binnenshuis. Mijn laptop hoort daar overigens bij, dit vreemde gevoel van overgave strekt zich ook uit tot mijn werk. Ik ben blij met de saaie, regenachtige dagen en met dit eentonige ritme van slapen, zorgen, werken. Ik schrijf tegen de klok in, dit keer weet ik wat me te wachten staat. Of eigenlijk: ik weet dat ik niet weet wat me te wachten staat, dat niets je werkelijk voorbereidt op de oerknal van een nieuw leven.

Beter gips dan niks

Issam had pijn aan zijn arm. Hij kon zijn pols niet goed draaien en de elleboog was gezwollen dus ging zijn vader met hem naar de huisarts. Zo op het eerste gezicht een overzichtelijk probleem, op te lossen met een doorverwijzing en een goede diagnose. Maar zo simpel was het niet. Issams vader spreekt nauwelijks Nederlands. Al bijna een jaar zit hij wekelijks aan onze keukentafel te zweten op werkwoorden en bijwoorden, maar hij vordert traag. In Syrië had hij een groot agrarisch bedrijf, hij is gewend van 's ochtends tot 's avonds een bedrijf te runnen, niet om rijtjes bijvoeglijke naamwoorden te stampen.

Hij had zich voorbereid thuis. El-le-boog. Heel-veel-pijn. Maar toen de arts hem vroeg naar de klachten kwam hij niet uit zijn woorden en het eenlettergreperig gestamel van de driejarige Issam hielp niet. Er werd een foto gemaakt, waarop niks te zien was. Vader en zoon konden weer naar huis. Issam hield last, kon 's avonds niet slapen van de pijn.

Zijn vader belde me, of ik mee wilde naar de huisarts voor een nieuwe verwijsbrief en een paar uur later zaten we bij de EHBO. Na lang wachten kwam eindelijk de arts die zei dat ze vanwege de zwelling niet goed konden zien wat er scheelde. Toen ze Issam vroeg of hij pijn had, keek hij naar zijn vader en schudde dapper zijn hoofd. Heel veel pijn, zei de vader. Maar Issam wilde denk ik zijn vader niet ongerust maken, hij schudde weer zijn hoofd.

De arts stelde vragen die de vader niet begreep en aan mij hadden ze weinig want mijn Arabisch is bepaald niet wat het geweest is. Ik stond erbij en keek ernaar, zag het groeiende ongeduld van de arts, de verslagenheid van de vader, ooit een succesvol ondernemer en nu niet eens in staat zijn zoon te helpen met zijn pijnlijke arm.

Er werd besloten de arm voor twee weken in te gipsen. Was dat niet vreemd voor een arm die niet gebroken was? Maar er was geen tijd voor nog meer verwarring. De wachtkamer zat vol en nee, ze wisten niet precies wat er mis was met de arm maar gips was in ieder geval *een* oplossing. De vader knikte moedeloos. Beter gips dan niks. In de wachtkamer probeerde hij zijn snikkende zoon te troosten, legde zijn taaie arm om het peuterlijf. Issam herpakte zich, kneep met zijn kleine hand in zijn vaders spieren. Sterk, zei hij. Heel sterk.

Zaterdagavond

Het is zaterdagavond en ik zit thuis achter mijn laptop. Onze zoon slaapt, het huis is stil, voor het eerst sinds lange tijd verveel ik me. Op de tijdlijn op mijn scherm verschijnen foto's van de festivals en barbecues waar de rest van de wereld zich nu vermaakt. Ook mijn vriend trok een uur geleden de wereld in, naar een feest waar ik me volgens hem vast en zeker niet naartoe zou willen slepen met die dikke buik. Hij heeft gelijk. Ik ben moe, mijn benen zijn zwaar van het vocht en de ervaring leert dat mensen vanaf het moment dat je zichtbaar zwanger bent steeds meer tegen je buik beginnen te praten – leuk voor mijn buik, maar saai voor de rest van mij. De wereld, waarin mijn vriend zich beweegt, kan mij momenteel gestolen worden met als resultaat dat we in steeds wijdere cirkels om elkaar heen draaien.

Vroeger dacht ik dat een zwangerschap een man en een vrouw dichter bij elkaar bracht.

Dat kwam waarschijnlijk door dat overbekende beeld van de aanstaande vader die stralend achter zijn zwangere vrouw staat met de handen stevig om haar buik geslagen. De foto die je terugvindt op alle babywebsites, in vrouwenbladen, in folders bij de verloskundige. Ik associeerde dat met bescherming, of toewijding of op z'n minst gezamenlijkheid.

Nu zie ik onmacht. Een man die zich vastklampt aan die grote bal van vlees omdat hij zelf met lege handen staat. Natuurlijk zijn er momenten waarop je je diep verbonden voelt; een echo, de eerste zichtbare bewegingen onder de strakgespannen huid, maar los daarvan groei je toch vooral razendsnel uit elkaar. Eén van de twee zwelt op tot potvisachtige proporties, wordt week en huilerig; één van de twee is niet langer één maar twee en moet dagelijks dealen met de sciencefiction van een vreemde die in haar binnenste beweegt, met groeipijn en slapeloosheid, terwijl de ander gewoon de ander blijft. Ik behoor niet tot de school die de vrouw als een uitverkoren soort beschouwt omdat ze pal onder haar navel het nieuwe leven voelt groeien. Als ik mocht kiezen, had ik de zwangerschappen moeiteloos uitbesteed aan mijn vriend. Of het op z'n minst eerlijk verdeeld. Om en om. Maar Eva at de appel als eerste en dus ben ik nu van ons tweeën degene die thuiszit, met een slapende man in een kamertje boven, een slapende man in mijn bekken en een weemoedig verlangen naar een andere man, die ver weg zijn eigen cirkels draait.

Schrijven is geen bevalling

In de uren tussen repetities, dierentuinbezoek en afspraken met de verloskundige schrijf ik een boek. Ik wilde zeggen 'probeer ik een boek te schrijven', maar waarom altijd dat aarzelende, half verontschuldigende gedraai om de dingen heen: ik schrijf een boek. Het is een kort boek, omdat mijn leven deze jaren nu eenmaal uit korte lijnen bestaat. Snelle sprintjes. Duizend woorden tussen het brengen en ophalen van de crèche. Een alinea op de parkeerplaats van de supermarkt terwijl mijn vriend en zoon de boodschappen doen. Het is de beste concentratie-oefening die ik ooit heb gehad. Geen internet, geen onzin, geen tijd voor; knippen, plakken, tikken, in een koortsachtig kwartier moet een einde herschreven.

Iemand (een man) zei laatst tegen me dat het schrijven van zijn boek 'zo'n bevalling' was geweest. Hij vond een roman vergelijkbaar met een baby, iets met overgave en kwetsbaarheid. Onzin, zei ik.

Ik ben nog nooit een druppel bloed verloren tijdens het schrijven van een gedicht, ik ben niet ingeknipt en dichtgenaaid toen er na veel schrappen en schrijven iets af was, ik ben geen uren gemarteld toen de juiste woorden niet kwamen. Metaforisch misschien een beetje, maar niet letterlijk. Geen echt bloed, braaksel, naalden, messen en dat is nogal een verschil, zei ik tegen de man. Een boek is geen baby en schrijven is wat mij betreft juist het tegenovergestelde van bevallen. Dat kwartier op de parkeerplaats win ik even de controle terug. Zet ik het leven naar mijn hand, in plaats van gedicteerd te worden door andermans ritme. Op de dagen dat het voelt alsof ik mezelf uit een zuigend moeras van luiers, melk en slaapgebrek moet hijsen om überhaupt een rechte zin te fabriceren staat schrijven haaks op overgave.

Rammend op mijn toetsenbord, in een bushokje, een snackbar, een slapeloze nacht, zet ik woord voor woord de dingen terug op hun plek. Vroeger begreep ik niet wat mensen (schrijvers) bedoelden als ze het schrijven noodzakelijk noemden. Nu wel. Of in ieder geval begrijp ik waarom het noodzakelijk is voor mij. Niet omdat ik geloof dat de wereld niet zonder mijn woorden kan, maar om iets van tegenwicht te bieden aan al die overgave. Om te voelen dat er tussen de dingen een tijd is die ik vorm kan geven. Het maakt niet uit hoe kort, ik heb gemerkt dat je minuten kunt oprekken tot soms wel halve dagen. Een kwestie van concentratie, van adem en aandacht.

Bloeddruk

Ik kan het geluid inmiddels dromen, het aanzwellende gezoem, het ritmisch piepen, eerst langzaam, dan sneller, tot de uiteindelijke score verschijnt op het scherm. Bovendruk: 112, onderdruk 65. Een prima bloeddruk, zegt de verloskundige, niets om je zorgen over te maken. Dat dacht ik al, ik heb het vanmorgen zelf nog gecheckt. Tijdens mijn vorige zwangerschap, die eindigde met een hypertensie, gaf mijn vader, die arts is, me zijn bloeddrukmeter zodat ik dagelijks in de gaten kon houden hoe het ervoor stond.

Omdat ik bang ben dat me dit keer hetzelfde scenario te wachten staat (duizeligheid, liters opgehoopt vocht, ademnood, een te vroeg geboren kind) ben ik vorige maand weer begonnen met meten. Het is een manier om de angst te bezweren.

Zoem, piep: alles onder controle.

Ik vertel de verloskundige dat ik me voorlopig gelukkig goed voel. Alleen een lichte hoofdpijn, maar dat is slaapgebrek. Ze fronst.

'Benauwdheid?' Een beetje, antwoord ik, maar niks

ernstigs, ik heb daar vaker last van na een slapeloze nacht.

De verloskundige typt aantekeningen in mijn dossier: Hoofdpijn. Benauwdheid.

Had ik maar niks gezegd.

Ze kijkt op van haar scherm. 'Je kunt vanmiddag nog terecht in het ziekenhuis. Gewoon voor de zekerheid. Deze klachten kunnen een voorbode zijn, het kan geen kwaad om de vinger aan de pols te houden.'

Ik schud mijn hoofd, ik weet hoe het gaat. Als ik eenmaal tegenover een arts zit, lijkt er gek genoeg altijd wel iets mis. Misschien is het de wisselwerking tussen een mens en een ziekenhuis. Een verlies van vertrouwen in de eigen gezondheid bij de aanblik van zoveel ziekte, of misschien zelfs een vreemd verlangen te eindigen in een van die witte bedden, verzorgd te worden door *professionals* die het beter weten. Hoe dan ook: het kan wél kwaad. Ik wil niet.

De verloskundige fronst. 'Ik moet je met klem adviseren om te gaan.'

Ik schud opnieuw mijn hoofd en zie mezelf door haar ogen, een starre zwangere, koppig van alle hormonen. Het is mijn intuïtie tegenover haar protocol en ik heb met haar te doen maar ik wil niet nu al de controle verliezen, niet nu al witte jassen en naalden die mijn bloeddruk omhoog doen schieten waarop er nog meer jassen en naalden volgen.

Ik zeg dat ik het nog een week aankijk, zij zegt dat ze met haar collega's overlegt en me zo belt. Een kwartier later gaat de telefoon en wint protocol van intuïtie. Met lood in mijn schoenen rijd ik naar het grote grijze ziekenhuis.

Achterblijvers

Zelfs op dagen dat ik weinig last heb van mijn uitdijende lijf, wijs ik zuchtend naar mijn buik als mensen vragen hoe het gaat. Het einde is in zicht: vrienden begroeten me met 'Hé dikke!', vreemden knikken bemoedigend naar mijn navelstreek en ik ga me van de weeromstuit meer en meer naar mijn zwangerschap gedragen. Toen ik vorige week ergens moest voorlezen, zocht ik automatisch naar gedichten over het moederschap. Uiteindelijk besloot ik (dwong ik mezelf) iets anders te lezen, maar het kostte me veel moeite achter de microfoon te staan zonder iets te zeggen over die vijftien extra kilo's. Voortdurend heb ik het gevoel mijn fysieke toestand te moeten benoemen en becommentariëren. Ja, ik waggel, ik hijg, ik gaap. Ik wil de mensen en hun blikken voor zijn. Laten zien dat ik meer ben dan een wandelende buik.

Het liefst had ik dat optreden afgezegd. Ik voel me ongemakkelijk onder de blik van het publiek. Zo onhandig, zo ver weggezakt in mezelf. Ik schaam me voor mijn traagheid en mijn opgezwollen voeten.

's Nachts, als ik me in een lange serie van trage bewegingen van de ene op de andere zij draai, voel ik me verwant aan alle mensen die leven met fysieke beperkingen. Ik hoor bij de ouderen nu, de achterblijvers. Ik tel de dagen af.

Vanmorgen fietste ik zuchtend en steunend naar de pont en miste hem op tien seconden na; een eindsprint zat er niet in. Ik parkeerde mijn fiets voor mijn favoriete koffiehuisje aan het water en zag daar een bekend gezicht, een vaste klant die ik regelmatig tegenkom aan de grote bruine picknicktafel. Hij verplaatst zich met een handfiets, zo een met drie wielen die je met het bovenlichaam aandrijft. Hij heeft geen benen meer, of verlamde benen. Dat ik dat niet precies weet komt omdat ik nooit naar zijn benen kijk en altijd naar zijn gezicht. En dat komt omdat hij zo fijn glimlacht en zo'n heldere blik heeft. Hij zit waarschijnlijk voor altijd aan zijn fiets gekluisterd, maar ik bespeur bij hem geen spoor van schaamte of ongemak. Geen verwantschap met welke achterblijvers dan ook. Ik heb hem nog nooit zuchtend naar zijn (afwezige?) benen zien wijzen als iemand hem vroeg hoe het ging. Ik dacht aan die uitspraak van Goethe (was het Goethe? Ik geloof het wel), vast niet bedoeld voor zwangere vrouwen en mannen die handfietsen, maar een prima motto voor deze laatste weken: *'In der Beschränkung zeigt sich erst der Meister.'*

Wonderkind

Soms lieg ik over de leeftijd van mijn zoon, maak ik hem jonger dan hij is. Ik vertel mezelf dat het niet veel voorstelt, een paar maanden eraf, maar ik weet dondersgoed dat op zijn leeftijd een maand gelijkstaat aan minstens een jaar. Ik lieg om lof te oogsten, omdat ik wil dat de wereld voor hem klapt. Er valt niet veel te klappen voor een peuter die met tweeëntwintig maanden precies kan wat er van iemand van tweeëntwintig maanden verwacht wordt. Dus maak ik er twintig maanden van en soms, heel soms, achttien (dat laatste alleen bij mensen die ver van de peuterwereld staan en dus niet in één oogopslag zien dat mijn zoon met achttien maanden een halve reus zou zijn).

Treurig ja, maar vaak gebeurt het voor ik er erg in heb en als mensen zich vervolgens verbazen over zijn snelle ontwikkeling wint mijn trots het van mijn eerlijkheid.

In feite heb ik dus twee zoons. Een doodgewone vriendelijke peuter met vlashaar en een zachte blik, en een regelrecht wonderkind dat maanden vooruitloopt op de rest.

Als de vriendelijke peuter een beetje voor zich uit staat te staren is het wonderkind diep in gedachten verzonken, grote, belangrijke gedachten. De peuter gooit wat DUPLO en speelgoed op elkaar, het wonderkind bouwt een constructie die blijk geeft van fenomenaal ruimtelijk inzicht.

Ik heb me altijd voorgenomen mijn kinderen niet al te veel te pushen. Niet de moeder te zijn die met torenhoge verwachtingen aan de rand van een sportveld staat. Ik wil ze het klooien en de luwte gunnen. Maar dit liegen om mijn zoon te laten schitteren, dit vreemde geloof in een wonderkind heeft niet alleen te maken met een fout in mijn karakter. Het komt ook door mijn zoon. Door die spectaculaire groei van baby naar peuter, door de snelheid waarmee zijn littekens helen, zijn tomeloze energie, al die doodgewone kinderdingen die zo onvoorstelbaar zijn dat ze je automatisch in de verleiding brengen het onmogelijke te verwachten. Pal onder je neus groeit een kleine rimpelige komma uit tot een mens van meer dan een meter, wordt een hulpeloos dier een jongen die zijn eigen schoenen aantrekt. Zelfs als je kind zich op gemiddelde snelheid ontwikkelt, doet een dergelijk mysterie iets met de realiteitszin.

En ik weet dat ik moet waken voor een al te fanatieke

bewondering, niet te veel moet liegen en verwachten, maar er gaat een bevrijdende werking van uit, dit samenleven met iemand die mij laat geloven in de meest onmogelijke dingen.

Hij heette Michel

Precies twee jaar geleden maakte ik samen met priester Remy Jacobs een theatervoorstelling over geloof, misbruik en de afschuwelijke gevolgen van zwijgen en wegkijken. Het was een zoektocht van duisternis naar licht en de duisternis in Remy's verhaal was van het inktzwarte soort. Als jongetje werd hij misbruikt door een pater en de dirigent van het katholieke jeugdkoor in het Limburgse dorp waar hij opgroeide. Hij was niet de enige, maar niemand durfde te praten. Toen we in voorbereiding op de voorstelling een bezoek brachten aan de kerk uit zijn jeugd liepen we langs het graf van een jongetje dat met hem in het koor zong en op een dag niet thuiskwam van het zwemmen. Hij werd teruggevonden op het kerkhof, gewurgd met een natte handdoek. Zelfmoord, concludeerde de politie. Niemand geloofde dat, maar iedereen zweeg. Naar de pater (die door veel mensen verdacht werd) is nooit een officieel onderzoek ingesteld. Hij was een man met aanzien in de gemeenschap en een kaartvriend van de rechercheur die het onderzoek leidde.

Inmiddels is de zaak verjaard. Het enige wat herinnert aan het gewurgde jongetje is een kleine witte steen op de begraafplaats waar hij dertig jaar geleden gevonden werd. Tijdens het maken van de voorstelling hoopte ik iemand zo gek te krijgen de zaak alsnog te onderzoeken. Remy was daarin terughoudender, hij wilde de nabestaanden niet lastigvallen, geen oude wonden openrijten en misschien had hij gelijk. Toen de familie niet reageerde op ons verzoek om contact hebben we het er verder bij gelaten. Maar zo nu en dan duikt die bleke steen weer op in mijn gedachten, zoals nu, terwijl Remy en ik de bijeenkomst voorbereiden die we vanavond in Rotterdam organiseren als eenmalig vervolg op de voorstelling, het laatste wat ik doe voor mijn zwangerschapsverlof. De kernvraag van de avond is: 'Hoe houden we onze kinderen heel?'

En ik denk aan mijn eigen zoon en de zoon die eraan komt, aan die grootste nachtmerrie van elke ouder. De dienst van vanavond gaat niet over 'onze kinderen' in letterlijke zin, het gaat over onze kwetsbaarheid in het algemeen, het kleine, onvoltooide in onszelf en de anderen. Maar op een Limburgse begraafplaats ligt die spookachtige steen met daaronder het geraamte van een kind dat misschien had kunnen leven als er minder was gezwegen. Dit is de week van Allerzielen, waarin de namen van de doden klinken, zodat ze nog even deel uitmaken van de wereld van de levenden. Ik weet niet wat ik méér kan doen dan dit: hij heette Michel.

Schiphol Plaza

Halverwege augustus vloog ik van Amsterdam naar Genève. Een vlucht van niks, een uur en een kwartier, naar een van de veiligste landen ter wereld. Dagenlang zie ik ertegen op. Misschien is het de voorpagina die ik een week voor de vlucht in een café zie liggen met daarop het bericht dat vanwege de terreurdreiging het leger wordt ingezet op Schiphol, of misschien is het de zwangerschap die mij langzaam verandert in een mens dat ik niet wil zijn. Wat het ook is en hoe ik mezelf ook toespreek, steeds opnieuw neemt mijn brein de verkeerde afslag, zie ik mezelf met een schoppende baby in mijn buik doodbloeden op Schiphol Plaza, als eerste geraakt want te dik om te bukken en traag op de benen. Ik denk met een brok in mijn keel aan mijn straks moederloze zoon, zoek urenlang naar betaalbare nachttreinen richting Zwitserland. Het is een vreemde gewaarwording; voelen hoe de angst bezit van je neemt, hoe de infectie zich verspreidt door alle delen van het lichaam.

Dat ik toch besluit te vliegen is te danken aan de

redelijkheid van de mensen om mij heen, maar de paniek laat zich slecht bedwingen. Op de dag van de vlucht beweeg ik me zo snel ik kan van het perron naar de gate, de route waarop ik de kans op kogels en explosies het grootst acht.

Bijna verbaasd sta ik tien minuten later al achter de securitycheck. Ik leef nog. De vlucht verloopt soepel, we komen veilig aan. Maar dat mijn angst ongegrond bleek, maakt voor de terugreis helaas niets uit. Als mijn vriend me laat weten dat hij me samen met onze zoon op komt halen bericht ik terug dat ik ze niet in de buurt van Schiphol wil zien. Het ergste is dat ik me niet eens schaam voor mijn bericht, dat de volle omvang van deze nederlaag niet tot me doordringt omdat er simpelweg geen plek voor is naast de spookbeelden in mijn brein.

Na het landen, terwijl ik een waggelende sprint trek naar de trein, trilt mijn telefoon in mijn zak. Ze staan op de parkeerplaats. Ik zie een bus vol explosieven voor me, een onthoofding tussen de taxi's, ik ren de draaideur door. Buiten regent het. Tussen zoenende, zwaaiende mensen zie ik onze auto. Mijn vriend zit achter het stuur te lezen, onze zoon slaapt in zijn stoel. Ik stap in, voel een mengeling van opluchting en verlies. We rijden naar huis door de grijze zomerochtend en zwijgen over mijn bericht.

Etnisch profileren bij de glijbaan

Vorige week stond ik witte kinderen te tellen in de speeltuin voor ons huis. Eigenlijk was het geen tellen, er was er maar één, mijn zoon, die gierend in het klimrek hing. Het gebeurde voor ik er erg in had en ik zou willen dat ik kon zeggen dat dit de eerste keer was, maar dat is niet zo. Ik doe het vaker, in een enkele seconde scan ik de groep potentiële speelkameraden. Ik word onrustig van het idee dat mijn kind een minderheid is. En die onrust verwart me. Ik woon met veel plezier in deze buurt. Een moskee op de hoek, Turkse supermarkten, Marokkaanse slagers; het heeft me sinds we hier kwamen geen seconde dwarsgezeten. Maar als het mijn kind betreft, treedt er klaarblijkelijk een ander mechanisme in werking en ben ik plotseling bang voor uitsluiting. Idioot, hoe graag je als ouder wilt dat je kind tot de meerderheid behoort. Niet korter, dikker, trager of witter dan de rest. Hoe ik mezelf ook toespreek – dit zijn allemaal Amsterdamse kinderen! – ik word maar niet kleurenblind. Ik denk aan mijn eigen middelbareschooltijd, als een van de weinige 'witte' kinderen op een 'zwarte' school in Rotterdam. Aan de eerste maanden waarin ik tijdens de pauze voorzichtig bij de andere 'kazen' stond (zo werden wij genoemd). Hoe ik een *Hoe & wat in het Fries* kocht om ook een eigen taal te hebben, een eigen minderheid om bij te horen. Hoe langzaam maar zeker ons vriendengroepje verkleurde en het ongemak grotendeels verdween. Ik hield er behalve een zeer divers netwerk ook de overtuiging aan over dat er altijd meer valt te verbinden dan je denkt. Dus wat sta ik hier nou etnisch te profileren bij de glijbaan?

Ik app mijn Marokkaans-Nederlandse middelbareschoolvriendin, moeder van twee. Of zij hier ook weleens last van heeft, maar dan de andere kant op. Niet nodig, stuurt ze terug. In onze wijk is de minderheid altijd de meerderheid. Maar, stuurt ze daarna, toen ze een school zocht voor haar dochter telde ze blonde koppen. Ze wilde op zijn minst een paar autochtonen bij haar dochter in de klas. Ze was verguld met het initiatief van een aantal witte ouders die hun kinderen naar de overwegend zwarte school van haar dochter stuurde.

We moeten mengen! schrijft ze. En ze heeft gelijk. Ik kijk weer naar mijn zoon. De basisschool: nog niet over nagedacht. Nog anderhalf jaar tijd voor gewetensonderzoek.

Het juiste paadje naar links

Op de fiets naar de kerk weet ik nog steeds niet precies waarom we gaan. Ik denk aan het gezicht van mijn vriend die ons net aarzelend heeft uitgezwaaid. Terwijl ik onze zoon in zijn jas hees, vroeg hij me of dit iets was wat we vaker gingen doen. Natuurlijk, antwoordde ik, verbaasd over mijn eigen stelligheid. De kerk, de Bijbel, Jezus: we hebben het er nooit over gehad of we onze kinderen er wel of niet mee zouden opvoeden. We hebben het eigenlijk überhaupt nooit over opvoeden. Het gebeurt gewoon. Ik noem dat intuïtief ouderschap, hoewel het geloof ik meer met tijdgebrek dan met intuïtie te maken heeft. Met mijn dikke buik de trap af schommelend, mompelde ik iets over spirituele leegte. Mijn vriend keek alsof hij daar nog wel wat vragen over had maar onze zoon was de deur al uitgerend, dus haalde hij zijn schouders op en wenste ons veel plezier met de Heer.

Ik kan de kerk niet vinden, de navigatie op mijn telefoon doet het niet. We fietsen drie keer de dijk op en af, we moeten ergens naar links maar ik zie niet waar.

De baby schopt en draait, ik zweet natte plekken op mijn blouse, mijn zoon schreeuwt dat er een dinosaurus achter hem aan zit en dan dat hij gepoept heeft. Ik overweeg om te draaien, maar iets doet mij vastberaden doortrappen. Een verlangen dat zich niet makkelijk laat omschrijven. Dat van die spirituele leegte is gedeeltelijk waar. Ik vind het belangrijk mijn kinderen mee te geven dat je op veel verschillende manieren naar het leven en de wereld kunt kijken, ook met een religieuze blik, maar ik geloof niet dat je daarvoor per se in de kerk moet zijn.

Misschien was het de zon vanmorgen, de lente, het geluid van de klokken van de Sint Nicolaaskerk dat over het IJ ons plein op woei. Een combinatie van indrukken die mij terugbracht naar een zondag lang geleden: een Amsterdamse kerk, een gitaar, liedjes over licht en duisternis, de kinderlijke overtuiging dat het goede altijd overwint. Misschien is het mijn eigen verlangen naar troost. Misschien heeft het moederschap mij vatbaarder gemaakt voor grote verhalen. Of misschien, denk ik als ik eindelijk het juiste paadje naar links heb gevonden, misschien was het wel gewoon de belofte van de knutselklas voor kinderen tijdens de dienst – het uitzicht op een uurtje rust.

Het kleinste, het grootste

Als ik straks de laatste punt zet achter deze column is het officieel. Zwangerschapsverlof.

Een lastig concept voor freelancers, want zolang je niet uitgeput in bed ligt, ben je geneigd om door te werken. Maar volgens de meeste mensen om mij heen is het de hoogste tijd en eerlijk gezegd begin ik zelf ook te merken dat mijn prioriteiten verschuiven. Er ligt een grote stapel 'boeken die ik altijd al wilde lezen' naast mijn bed, maar ik val in slaap met de staalkaart van veertig kleuren muurverf die ik bij de verfwinkel haalde. Waar ik normaal gesproken scherp en alert word van een naderende deadline, dommel ik nu bij het woord alleen al weg en gisteren heb ik twee uur pompoenen gegoogeld omdat het me plotseling belangrijk leek te weten hoe je de perfecte pompoensoep maakt.

Tegelijkertijd begin ik lichtelijk geobsedeerd te raken door alles wat er mis is in de wereld. Het allergrootste of het allerkleinste, voor iets anders lijkt er geen plek meer in mijn brein. Feesten en borrels begin ik te vermijden, want ik praat of over pompoenen of over oorlog.

Gelukkig biedt Facebook een prettig alternatief voor mijn ingedikte sociale leven. Wat mijn virtuele vrienden doen, volg ik nauwelijks meer, maar er is één groep die op mijn onverdeelde aandacht kan rekenen, die van de vrouwen met wie ik sinds een aantal maanden elke week sport in het Amsterdamse Westerpark. Stuk voor stuk zwanger of net moeder. Er worden online vitamine K-druppels en jasjes uitgewisseld, etentjes gepland en slaaptips gegeven. En steeds als iemand bevallen is, wordt er een foto gepost. Ik heb er vanmorgen weer een geliket, piepklein met die buitenwereldlijke blik van pasgeborenen. Direct daarna zat ik met de vraag of ik straks een foto van mijn eigen baby post. En die vraag houdt me nu al uren bezig.

Facebook en baby's zijn in mijn hoofd twee universums. De wereld vanbuiten en de wereld vanbinnen. Onverenigbaar. Daarbij zou ik de digitale voetafdruk van mijn kind graag zo klein mogelijk houden tot hij op een leeftijd is om daar zelf over te beslissen. Maar is zoiets überhaupt nog mogelijk? Als ik zelf de foto's niet post, doet een vriendin, zus of (schoon)moeder het waarschijnlijk wel. Laatst zag ik een geboortekaartje waarop de ouders de uitdrukkelijke wens vermeldden geen foto's van hun baby op Twitter, Facebook, Instagram of wat dan ook te plaatsen. Controlfreaks of visionairs? Ik weet het niet.

De meeste vrienden zeggen dat ik me van alles kan voornemen, maar dat ik na de geboorte zo vervuld zal zijn van ouderlijke trots dat ik de baby aan de hele wereld zal willen laten zien. Wie weet. Nu ik staalkaarten vol muurverf verkies boven de beste boeken van het afgelopen jaar, sta ik niet langer voor mezelf in. Nog een paar weken om mijn hoofd te breken over deze vraag. En ondertussen is de babykamer nog steeds niet geverfd, heb ik de ultieme pompoen nog altijd niet gevonden en is het overal oorlog.

Dankwoord

De columns in deze bundel verschenen eerder in *Tijd*, het zaterdagmagazine van dagblad *Trouw*. Dank aan de lieftallige redactieleden voor hun suggesties en bemoedigende woorden en hun coulance bij alle overschreden deadlines.

Verder wil ik Wiesje, Reina, Marc, Ineke en Diederik bedanken voor hun onmisbare hulp in de afgelopen twee jaar.

Meer informatie over Marjolijn van Heemstra
en de boeken van Uitgeverij Cossee vindt u op
www.marjolijnvanheemstra.nl en www.cossee.com

Wilt u op de hoogte blijven van alle uitgaven
van Uitgeverij Cossee, meld u dan aan voor
de nieuwsbrief op www.cossee.com en
volg ons op Facebook en Twitter.

© 2017 Marjolijn van Heemstra en
Uitgeverij Cossee BV, Amsterdam
Omslagbeeld © Jan Rothuizen
Boekomslag Irwan Droog
Typografie binnenwerk Perfect Service, Schoonhoven
Druk Ten Brink, Meppel

ISBN 978 90 5936 740 1 | NUR 401
E-ISBN 978 90 5936 750 0